自分でする相続放棄

司法書士 碓井孝介 著

は じ め に

　こんにちは。司法書士の碓井孝介と申します。まずは本書を手にとっていただき、どうもありがとうございます。

　さて、本書は「相続放棄」の制度と手続きの進め方を解説した本です。特に、次の方々に読んでいただきたいと思い、執筆をしました。

1　相続放棄に関する書類を自分で作成し、手続きを自分自身で進め
　　たいが、進め方が分からない方
2　将来起こる相続に備えて、相続放棄の知識を手に入れたい方
3　専門家に相談しようと思うが、制度の内容や手続きの進め方を、
　　自分自身でも把握しておきたい方

　相続放棄とは、本来相続人になるはずの方が「はじめから相続人ではなかったものとみなされる制度」です。預貯金などのプラスの相続財産より、借金などのマイナスの相続財産が上回る場合などに、「相続放棄」をすれば、**借金などの相続を避けることができる**というものです。

　このように、相続放棄は相続人にとって重要な制度です。裁判所の司法統計によると、申述件数（利用件数）は年間で 18 万件以上（平成 27 年度）にのぼり、広く利用されています。

　こんなに利用されている「相続放棄」ですが、これまで一般の方に向けてその制度概要や手続きを解説した書籍は、あまり見受けられませんでした。

　そこで本書は、手順に沿って読み進めていけば、法律実務に詳しくない一般の方でも、自分で相続放棄の申述書を作成し、手続きが可能となるような構成としています。また、読みやすさを重視して、各章の冒頭にストーリー仕立ての対話形式を採り入れました。制度の理解がしやす

い事例設定にしましたので、じっくりお読みいただけたら幸いです。

　この本が、相続放棄制度の利用を検討されるあなたのお役に立てるなら、これ程嬉しいことはありません。

2017 年 5 月

碓井　孝介

この本をお読みになるにあたって

1　本書で登場する人物とその登場人物をめぐる事例は、私が受任している（あるいはしていた）事例ではありません。説明のために設定したフィクションです。しかしながらフィクションだからこそ、制度及び手続きがよく分かる事例になっています。

2　相続放棄の申述を受理するかどうかは、家庭裁判所の判断によります。すべての事例において、本書の通りに書類を作成して家庭裁判所に提出すれば、「相続放棄」が必ず受理されるとは限りません。

3　本書を読んでいて手続きに何らかの懸念点がある場合は、専門家に相談してください。

目　次

借金などのマイナス財産の相続を回避する
　「相続放棄」とは ･･ viii
本書の読み方 ･･ xii
本書を読み進める上での基本知識・基本用語 ･･････････････････ xiii

第1章　相続放棄を「自分で」できるか診断

相続放棄の申述は「自分で」できる？ ････････････････････････ 2

「死亡から」3か月経過していないなら自分でもできる ･･････ 4

相続放棄をする前に「処分」などしていない？ ･････････････ 6

「消費者金融」と長年取引していた場合は要注意 ･･････････････ 8

相続放棄の申述人が後見人等のいない
　「認知症」や「知的障がい」の方の場合 ････････････････････ 10

相続放棄の申述人のなかに「未成年者」がいる場合 ･･････ 12

その他に専門家への相談を検討するべき場面
　～マイナスの相続財産は「古い債務」ですか？～ ･･････････ 14

第2章　まずは「相続放棄」の仕組みを知ろう

相続が開始したら、
　　一切の財産を相続人が受け継ぐのが原則 ……………… 18

相続が開始したら、
　　「単純承認・限定承認・相続放棄」の選択肢 ……………… 20

「3か月経過後」でも相続放棄はできる？ ……………… 24

相続放棄をするのなら、「法定単純承認」に要注意 ……………… 28

相続放棄を検討しているなら、遺産の「処分」は避ける …… 30

相続人への制裁　～これをすると単純承認になる～ ……………… 34

遺産分割協議で「放棄」しても、
　　借金は相続することになる ……………… 36

相続放棄は撤回・取消しはできるの？ ……………… 40

第3章　そもそも誰が相続人？
～「法定相続」について解説～

相続人は「民法」で決まっている ～法定相続人のお話～ ……… 44

民法は相続人の取り分まで決めている ～法定相続分のお話～ … 48

孫が相続人になる「代襲相続」ってなに？ ……………… 52

代襲相続と似ている「再転相続」……………… 56

相続放棄がされても、「家族の相続」は終わらない！
　　～親族みんなで相続放棄～ ……………… 58

相続人は「戸籍」を取得して確認する ……………… 60

第4章　相続放棄を検討するための「相続財産」の調べ方

相続財産は「保管書類・郵送物」で確認するのが基本 ········· 64

預貯金の有無は金融機関への照会が基本 ······························ 66

「株式」はどうやって確認する？ ··· 68

不動産があるなら、
　　法務局でいわゆる「登記簿謄本」を取得して確認 ········· 70

不動産の有無の確認は「固定資産税課税明細書」 ···················· 74

不動産の有無を念入りに確認したい場合は「名寄帳」 ··········· 76

銀行・信金・農協などからの借入を調べるなら「全銀協」··· 80

銀行等以外からの借入（債務）の調べ方 ······························· 84

第5章　「相続放棄」に必要な書類を集めよう

相続放棄に必要な書類まとめ ·· 88

被相続人の住民票の除票又は戸籍の附票を取得しよう ········· 90

相続放棄に必要な戸籍の取得の仕方 ·· 94

戸籍で何を証明するの？　必要になる戸籍は？ ························ 98

申述人が配偶者である場合に必要になる戸籍 ······················· 100

申述人が子・孫のときに必要になる戸籍 ······························· 102

申述人が父母・祖父母のときに必要になる戸籍 ···················· 104

申述人が兄弟姉妹・甥姪のときに必要になる戸籍 ················· 106

第6章　相続放棄申述書を作成して裁判所へ提出しよう

相続放棄申述書の書き方 ································· 110

被相続人の死亡日から3か月経過していたら
　　「上申書」（専門家への相談を検討するべきケース）············· 116

可能であれば「原本還付」を検討 ····················· 118

相続放棄の申述に必要な提出書類等まとめ ············· 120

提出先は被相続人の最後の住所地の家庭裁判所 ········· 122

提出後、照会書が届いたら？ ······················· 124

第7章　「熟慮期間の伸長」で、相続放棄をじっくり検討

3か月以内に遺産の把握ができないのなら
　　期間伸長の申立て ·································· 128

第8章　相続放棄が終わったら
〜手続終了後にやるべきことは？〜

相続放棄の受理を確認するための
　　「相続放棄申述受理証明書」························· 134

「相続放棄申述受理証明書」を取得するためには ········· 136

故人の債権者から返済請求されたら「受理証明書」を提出 ···· 138

「家族の相続」を終わらせるためには ··················· 139

相続放棄をした後の相続財産の管理責任 ··············· 140

相続人の全員が相続放棄をしたらどうなる？ ············· 142

参考資料

1 相続放棄申述のための参考書式 ……………………………………… 144

2 家庭裁判所所在地一覧 …………………………………………………… 148

借金などのマイナス財産の相続を回避する「相続放棄」とは

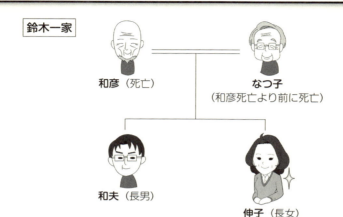

これは、ある一家の「相続」をめぐる話です。
　東京で喫茶店を営んでいた鈴木和彦が亡くなったのは2017年5月5日、享年92歳でした。和彦の相続人は長男の和夫、そして長女の伸子の二人です。和彦の遺産は、長男夫婦と同居していた自宅兼店舗の不動産、金融機関に預けていたわずかな預貯金、そして経営していた喫茶店の運転資金のために銀行から借りていた1000万円の借金でした。
　長男の和夫と長女の伸子は仲が良く、相続をめぐって争うことはありませんでした。伸子は結婚して家を出ているため、和夫の提案（不動産などのプラスの相続財産だけでなく、マイナスの相続財産である借金まで含めてすべて和夫が相続するという提案）を、伸子は受け入れたのでした。
　では、伸子が一切の遺産を相続しないためには、具体的に何らかの手続きが必要になるのでしょうか。囲碁サロンを経営する伸子は、遠い親戚にあたり、囲碁サロンにも来ている司法書士の碓井孝介に、念のため聞いてみることにしたのです。

（週末になり、伸子が碓井孝介の事務所を訪れる。）

お邪魔します。今日は、ちょっと聞きたいことがあって……。

伸子さん、こんにちは。囲碁以外のお話ということでしたが、何かお困りのことがあったのですか？

孝介くんも知っていることだけど、先日、父が亡くなったのよね。それで「相続」のことで確認したいことがあるの。孝介くんは確か「司法書士」をしているって聞いたから。

和彦さんの葬儀が終わって、そんなに時間は経っていませんよね。たしかに和彦さんが亡くなった時点で相続は始まっていますが、時間が経っていないなかで「相続」とは、どんなお話でしょう？　伸子さんにはお世話になっているので、私ができることは何でもお手伝いしますよ！

父は喫茶店を経営していて、兄がずっとお店を手伝っていたのは知っているでしょ。店を一緒にしていただけじゃなく、兄夫婦は父と同居していたから、父の遺産は、兄がすべて相続することで話がまとまったのよ。ここからが本題なのだけど、この話し合いで、私は「何も」相続しないってことで問題ないわよね？

なるほど〜、そういうお話でしたか。気になるのは遺産の内容ですよね。ちょっと伺いにくいのですが、**遺産のなかに借金のようなマイナスの相続財産**は、ありましたか？

え、借金はあるわ……。お店を経営するために借りていた、銀行からの借金があるのよ。これも兄が相続して返済するって言っているのだから、私は返済しなくていいのよね？

いいえ、そうとは言い切れませんよ。一般的な話ですが、**相続人間の話し合いで決めることができるのは、プラスの相続財産が誰のものになるかです。マイナスの相続財産は、相続人同士の話し合いだけで誰のものにするかを決めることはできませんよ。** おそらく、お兄さんが返済するという約束をして、お兄さんが返済しているうちは、現実的な問題はないでしょう。困るのは、お兄さんが返済できなくなったときです。返済が滞った場合は、伸子さんにも銀行から請求がくるでしょうね。

え〜！ それは大変。不動産も預貯金もいらないけど、借金だけは背負いたくないわ……。何か良い方法はないかしら？

本当に何も相続しなくてよいのなら、「相続放棄」をすればいいでしょう。家庭裁判所に相続放棄の申述をして、認められた場合は、初めから相続人ではなかったことになり、借金などのマイナスの相続財産を背負わなくて済むのです。

「相続放棄」って、聞いたことがあるわ。私みたいな人にとっては、ありがたい制度なのね。

制度を利用するための注意点ですが、**相続放棄は家庭裁判所に対する申述（申立て）が必要で、その申述は「3か月以内」にしなければいけません。また、相続放棄をすると、マイナスの相続財産だけでなく、不動産や預貯金といったプラスの相続財産も受け継ぐことができません。** その点を理解した上で「相続放棄」をするのなら、私の方で裁判所に提出する書面を作成できますよ。

えっ、やってくれるの？ でも、…………できればだけど、私自身が書類作成を進めて、自分自身で手続きできないかしら？ 自分のことは全部自分でしたい性格なのよ（本音を少しだけ言うと、手続きに必要になる費用だって節約したいし……）。

えっ？　自分で、ですか？　いや、できないことはないですが、間違うと大変ですよ！　相続放棄は、家庭裁判所の判断で認められない場合もありますから、私に任せてもらえれば……。

だったら、重要な書面作成なんかは孝介くんに教えてもらいながらやれば、間違いないわよね？　これからも囲碁を教えてあげるから、相続放棄のこと、教えてもらえないかしら！

そうきましたか〜。わ、わかりました、伸子さんのご依頼なら、しっかり教えますよ（トホホ…）。

注　意

1　相続放棄をする場面でもっとも多いのは、マイナスの相続財産がプラスの相続財産を上回る場面です。
　本書の事例では、マイナスの相続財産とプラスの相続財産のいずれが多いかは明らかではありませんが、本事例のような場面でも相続放棄はできます（相続放棄をするとプラスの相続財産も相続できなくなる点には注意）。

2　相続放棄をするとプラスの相続財産も相続することができなくなるため、放棄をするか否かの決定は慎重にしなければいけません。他の相続人などから相続放棄を促されたとしても、焦って相続放棄をしてしまうのではなく、じっくり検討してください（不安であれば専門家への相談を検討しましょう。）。

本書の読み方

　前述の通り、相続放棄は「3か月以内」にしなければいけません。したがって本書の読み方も、最初から読み進めていくと、あっという間に時間が過ぎ去ってしまいます。時間節約のためには、読み方を工夫するとよいでしょう。本書のどこから読むべきか、3パターンに分けて例を示します。

パターン①　（相続放棄をすると決めている）

　明らかにマイナスの相続財産がプラスの相続財産を上回っていて、相続放棄の申述をすることを決めている場合は、具体的な書面作成などの手続きについて解説した章を優先して読むとよいでしょう。

$$1章 \Rightarrow 5章 \Rightarrow 6章 \Rightarrow \begin{matrix}2章\\3章\\4章\end{matrix} \Rightarrow \begin{matrix}7章\\8章\end{matrix}$$

パターン②　（遺産の規模が分からず、相続放棄をするか迷っている）

　遺産の規模が分からず、相続財産の「調査」から開始しなければいけない場合は、財産の調査方法と、「3か月」の検討期間を伸ばすための「期間伸長の申立て制度」について解説した章を優先して読むとよいでしょう（あまりに時間がない場合は専門家への相談を検討してください。）。

$$1章 \Rightarrow 4章 \Rightarrow \begin{matrix}7章\\5章\end{matrix} \Rightarrow \begin{matrix}2章\\3章\\6章\end{matrix} \Rightarrow 8章$$

パターン③　（まだ相続が開始していない）

　相続放棄が差し迫っていない場合（今後起こる相続のために本書を読んでくださっている場合、相続放棄制度の勉強のために読んでくださっている場合など）は、第1章から順々に読んでいきましょう。

本書を読み進める上での基本知識・基本用語

　本書のなかで登場する基本的な知識・用語をここにまとめます。法律の勉強をしたことがない方は、下記の表に目を通してから本書を読み進めてください。

用語・基礎知識	内容
被相続人	今回亡くなった人のこと。Ａさんが亡くなってＢさんが相続人であるなら、Ａさんが被相続人。
相続の開始	相続は、被相続人が亡くなったときに始まる。
遺産分割協議	相続人間の話し合いで、遺産が誰のものになるかを決めること。
申述	家庭裁判所に対して制度利用の意思を申し述べること
遺産	被相続人が有していたプラスの相続財産（不動産や預貯金）のみならず、マイナスの相続財産（借金など）も含む。
半血の兄弟姉妹	父又は母の一方を同じくする兄弟姉妹
全血の兄弟姉妹	父母の両方を同じくする兄弟姉妹
戸籍の附票	戸籍を取得できる役所で発行されるものであり、戸籍とセットで作成され、「住所」の記載がされるもの（戸籍には住所の記載はない）。
改製原戸籍・除籍	いずれも「昔の戸籍」のこと。改製原戸籍は様式変更前の戸籍であり、除籍は在籍者がいなくなった戸籍。
登記事項証明書	いわゆる「不動産登記簿謄本」のこと。法務局で取得でき、不動産の権利関係を読み取ることができる。

第1章

相続放棄を「自分で」できるか診断

相続放棄の申述は「自分で」できる？

相続放棄って、家庭裁判所に申し立てるのよね？ やっぱり自分では対応できないのかしら？ 難しそう……。

相続放棄は、手続自体はさほど難しくありません。もちろん自分ではできない場合、するべきではない場合はありますが、自分でできる場合だってあります。自分自身で相続放棄をしたいという方のために、まずは自分でできるかどうかの判断基準を示しましょう。

☑「相続放棄の申述」とは

　相続放棄について、まずは基本から説明します。相続放棄をするためには家庭裁判所への申立てが必要で、これを「相続放棄の申述」といいます。そして家庭裁判所が認めてくれた場合のみ、相続放棄の効果が生じます（認められないこともあるため、申述は慎重に行う必要があります。）。

☑ 相続放棄を依頼するべき専門家とは

　相続放棄をするためには、大きくわけて2つの進め方があります。①自分自身でする、②専門家へ依頼する、の2つです。

　専門家とは、弁護士と司法書士を指します。**弁護士と司法書士以外で、相続放棄の専門家と称する人の意見には注意をしてください。**

☑ 自分で相続放棄を進めることができる場面

　もちろん自分自身で進めても問題ない場面はあります。次頁のフローチャートを見ながら、自分で相続放棄を進めることができるかどうか、進めるべきかどうかを検討しましょう。

第 1 章 相続放棄を「自分で」できるか診断 3

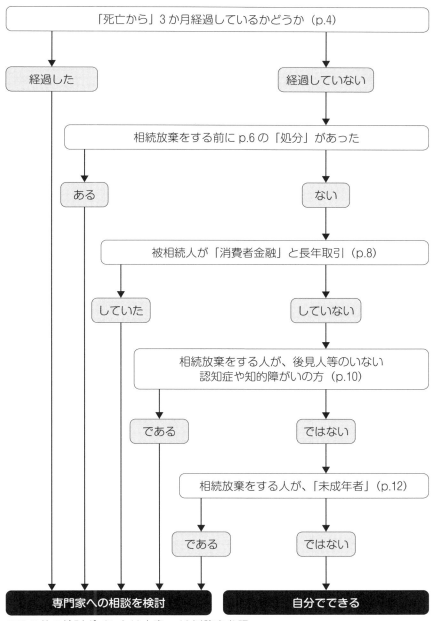

※その他の検討ポイントは本章 p.14 以降を参照

「死亡から」3か月経過していないなら自分でもできる

ここから一つずつ、自分でもできる場面かどうかを検討しましょう。まず検討するべきは、「被相続人が亡くなった日から」3か月経過しているかどうかです。3か月経過しているなら、専門家に相談するのが無難ですよ。

亡くなってから3か月……。遺品の整理や四十九日の準備なんかをしていたらあっという間ね……。

☑ 相続放棄は「3か月以内」にする

相続放棄は「3か月以内」にしなければいけません。下記の条文にあるように、相続放棄を選択できるのは「3か月以内」なのです。

> 参考：民法915条
> 相続人は、自己のために相続の開始があったことを知った時から三箇月以内に、相続について、単純若しくは限定の承認又は放棄をしなければならない。

☑ 「3か月以内」の意味をしっかり確認

条文をじっくり読むと、相続放棄ができるのは「3か月以内」ですが、「被相続人の死亡日から3か月以内」ではないとわかります。「自己のために相続の開始があったことを知った時から3か月以内」なのです。

被相続人が死亡していても、何らかの事情でその事実を知らないこともあるでしょう。たとえば親と

絶縁状態の子が、親の死亡を1年以上経ってから知る……。本書の第2章 p.24 で解説をしますが、このケースなら「死亡日から3か月」経過後でも、相続放棄ができることがあります。

☑ 被相続人の「死亡日から3か月以内」なら自分でもできる

　被相続人の「死亡日から3か月経過後」で、相続放棄が認められたケースはそれこそいくらでもあり、枚挙にいとまがありません。相続人が「被相続人の死亡日」に、死亡と自分のために相続が開始した事実を知るとは限らないためです。過去の事例でも、**被相続人の死亡の事実を知らなかった場合、知っていたけれど遺産の規模を把握しておらず、相続放棄の検討ができなかった場合など、「死亡日から3か月経過後」の相続放棄を認めるとされた例があります**（第2章 p.24 参照）。

　しかしながら、自分で相続放棄の申述をするのは、**被相続人の「死亡日から3か月以内」の相続放棄に限定するのが安全です**。理由は、親や兄弟などの死亡はすぐに知るのが通常であるため、死亡日から3か月経過後の相続放棄の申述は、裁判所側で認めない可能性が高まるからです。

☑ 裁判所の判断を覆すのは大変……

　裁判所の判断で相続放棄の申述が却下されたとしましょう。

　このような裁判所の判断に異議を唱え、判断を覆すために、「**即時抗告**」ができます。即時抗告は、裁判所の新たな判断を仰ぐためのものですから、決して簡単ではありません。

　このように**裁判所の判断を覆すのは大変**なことであるため、**死亡日から3か月経過後の相続放棄は専門家に相談した方が無難**です（なお、どうしても自分自身で手続きをしたい方のために、本書では死亡日から3か月経過後の相続放棄の仕方についても解説しています。）。

被相続人の「死亡日から3か月以内」なら、自分でもできる。

相続放棄をする前に「処分」などしていない？

突然ですが伸子さん！ 相続放棄をしたいなら、「してはいけないこと」があります。次のページにある「1〜5」のどれかに該当していたら、相続放棄ができなくなることがあります。該当していたら、専門家に相談するべきです。

えーっ、4の「形見分け」なんて、すぐにしてしまう人もいるから注意が必要ね！

☑ 一定の事由で相続放棄ができなくなる？

被相続人が死亡すると、相続人は預貯金等のプラスの相続財産だけでなく、借金などのマイナスの相続財産も含めて、**すべてを引き継ぐこと**が原則です。一方で相続放棄をすると、何も引き継がなくなるのですから、「相続放棄」は家庭裁判所が認めた場合のみの例外的な制度なのです。

ところで、一定の事由があれば相続放棄ができなくなります。一定の事由があれば自動的に、すべてを引き継ぐことになってしまいます。つまり、原則通りすべてを相続するか相続放棄するかは、相続人の意思が尊重されますが、一定の事由があれば、すべてを相続することを積極的に選択した場合と同様になるのです。

難しい話になりますが、この一定の事由のことを「法定単純承認事由」といい、前述した「3か月の経過」は当該事由の一つです。

☑ 相続放棄ができなくなるのは「3か月の経過」だけじゃない

3か月の経過だけでなく、一定の事由によって相続放棄ができなくなる場面があります。一つには「処分」をしてしまった場面です。たとえ

ば相続財産を売却したり、誰かに贈与したりすることが該当します。結局のところ何が「処分」にあたるかは時と場合によって異なるため、第2章のp.30以降で紹介する裁判所における事例を参考にして、「処分」がないことを確認してください。

☑ 相続放棄ができなくなる一定の事由に該当していると思えても……

自分の行為が一定の事由に該当すると思えても、最終的には過去の裁判所の事例と照らし合わせて、**詳細に検討するべきです**。たとえば「形見分け（贈与）」をしていても、程度によっては「処分」ではないとした裁判所の事例がありますから、簡単にあきらめてはいけません（p.30参照）。

☑ 専門家への相談を検討するべき、一定の事由の例

以下の事柄に心当たりがあるときは、第2章のp.28以降を熟読した上で、専門家への相談を検討しましょう。**専門家の判断で手続きを進めてもらい、相続放棄ができたケースもある**からです。

1　「遺産分割協議」を済ませてしまった
2　株を相続し、株主総会で株主として権利を行使した
3　遺産を売却した、贈与した
4　財産的な価値のある遺産について、形見分けをしてしまった
5　遺産である家屋を取り壊した

繰り返しになりますが、上記に該当するような場面でも、**相続放棄が絶対にできないわけではありません**。該当していると思ってもあきらめず、専門家に問い合わせてみるとよいでしょう。

 相続放棄ができなくなる一定の事由に該当するかどうかを確認。

「消費者金融」と長年取引していた場合は要注意

伸子さん！ 相続放棄をしたいようですけど、伸子さんのお父さんが負っていた借金は、いわゆる「消費者金融業者」からの借金ではありませんよね？ 仮にそうだとしたら、お父さんと消費者金融業者は長年の取引がありましたか？ これらの場面なら「過払金」としてお金が戻ってくることもあるため、専門家に相談するとよいでしょう。

えっ、お金が戻ってくるってどういうことかしら？ 戻ってくる額によっては、相続放棄どころじゃないわね。

☑「マイナスの相続財産」は本当にあるの？

　相続放棄を検討しているのなら、借金のようなマイナスの相続財産がたくさんある場面が一般的です。
　しかしながら「借金」には注意が必要です。もしかしたら借金などはなく、むしろプラスの相続財産になっているかもしれないためです。

☑ 消費者金融からの借金は「過払金」になっているかも

　「過払金」というものを、ご存知でしょうか？
　昔の話ですが、利息制限法の上限利率を超える金利による融資がごくごく普通に行われていました。もちろん銀行や信用金庫のような金融機関ではありません。「消費者金融（いわゆるサラ金）」の一部において、上限金利をはるかに超えた融資がされていたのです。
　この上限金利を超えた部分が、いわば払い過ぎた利息（過払金）で、返還の請求ができる可能性があります。

☑ 相続放棄をしようとしたら多額の「過払金」が……

マイナスの相続財産のうち、消費者金融からの借金が多額にある場合は要注意です。相続放棄を検討されている方からお話を聞き、マイナスの相続財産が消費者金融からの借入れである場合、法律の上限金利で計算し直すと「過払金」になっていることが多々あります。

過払金は相続人が取り返せるお金ですから、**過払金の返還請求ができるなら相続放棄はするべきではない**場面が考えられるのです。

☑ 生前に「完済」でも、過払金の返還請求ができる場合がある

被相続人が消費者金融との取引があったものの、生前に「完済」だったとしましょう。このときも過払金の返還請求ができる場合があります。過払金の額によっては、相続放棄どころではありませんので注意をしてください。

☑ 消費者金融との長年の取引があるなら専門家へ相談

被相続人が、消費者金融と**長年取引していた場合**は、専門家へ相談するとよいでしょう（長年の取引でなければ、過払金はないことが一般的です。）。

過払金の返還請求について経験豊富な専門家であれば、話を聞くだけで過払金があるかどうかの判断ができることがあります。あなたの周りに相談する専門家がいなければ、公的な組織である「**法テラス（日本司法支援センター）**」に相談することをおすすめします。

法テラス（日本司法支援センター）
電話：0570-078374
受付時間：平日9時～21時、土曜日9時～17時

Point　被相続人が、消費者金融と長年取引していたか確認する。

相続放棄の申述人が後見人等のいない「認知症」や「知的障がい」の方の場合

相続放棄を自分で進めてよいものかどうか、検討するべきポイントはたくさんあるのね。もしかして、まだまだあるのかしら？

「まだまだ」というほどではありませんが、「まだ」ありますよ。伸子さんには関係ないはずですが、相続放棄をする人が成年後見人等のいない認知症や知的障がいの方であれば、専門家へ相談するべきです。

☑ 相続放棄は「本人の意思」が大切

　相続放棄は誰かに強制されてするものではありません。相続人が、「自らの意思」に基づいてするものです。

　ここで考えて欲しいのは、意思を上手く伝えることができない方、たとえば重度の認知症や知的障がいの方についてです。

　個人の症状、障がいの状態によって異なりますが、彼・彼女らはその判断能力によっては、相続放棄の内容を理解し、自ら手続きを行うことが難しい場面が考えられます。

☑ すでに「成年後見制度」を利用している場合

　相続放棄の申述人が被後見人なら後見人が本人に代わって、被保佐人なら本人が保佐人の同意を得て、相続放棄の申述をします。

　なお、申述人が「被後見人」の場合は、「3か月」の期間は、後見人が相続の開始を知ったときから起算されることになります（成年被後見人について民法第917条参照）。

☑「成年後見制度」を利用していない場合

　重度の認知症や知的障がいの方で相続放棄をする際は、家庭裁判所を通して「成年後見人」を選任し、その「成年後見人」が本人に代わって諸々の手続きを進めていかなければいけない場面があります。

　この場面は判断が難しいため、専門家に相談しましょう。

☑「成年後見制度」を利用するときの相談のポイント

　後見制度の利用について専門家に相談をする場合は、**相続放棄の申述を検討するべき状況である旨**を専門家に伝えます。

　制度の利用開始まで時間がかかりますから、相談は急いだ方がよいでしょう。

> 重度の認知症や知的障がいの方が相続放棄の申述人になる場合は、専門家への相談を検討する。

相続放棄の申述人のなかに「未成年者」がいる場合

相続放棄をするのが認知症や知的障がいの方のときだけでなく、「未成年者」であるときも注意が必要です。たとえば相続人が親と未成年の子で、子だけを相続放棄させたい場合などは、専門家に相談するとよいでしょう。

もしかして、未成年者のときも認知症の人が相続放棄するのと同じように、「別の制度」が問題になるのかしら？

☑ 相続放棄の申述は、親（法定代理人）が代わりに行う

　相続放棄の判断を未成年者がするのは適切でないため、親（法定代理人）が代わりに申述をします（3か月の期間の起算については民法917条参照）。

　たとえば、若くして一家の大黒柱である父親が死亡したとしましょう。相続人は配偶者である母親とその子（未成年者）です。父親には負債があり、このままでは配偶者と子が当該負債を相続することになるのです。

　この場面で相続放棄をするのなら、母親の分は母自身が、子の分は母親が子に代わって行うのです。

　この状況で、子が母親と同時に相続放棄をするのなら問題はありませんが、子だけを相続放棄させる場合は、専門家に相談した方がよいでしょう。

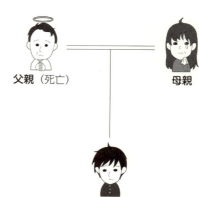

☑ 親が子どもを代理して、親がトクするのはNG！

ところで、「利益相反行為」という言葉をご存知でしょうか？ 少しだけ難しい話になりますが、法律には次のように規定されています。

> 参考：民法826条
> 　親権を行う父又は母とその子との利益が相反する行為については、親権を行う者は、その子のために特別代理人を選任することを家庭裁判所に請求しなければならない。

たとえば親の不動産を、親が子に売却するとします。このとき親が子の代理をすると、親が自分自身の立場を利用して、子に不動産を高く買い取らせてしまう可能性があります。そのため、このような場合は家庭裁判所を通して選任された特別代理人が、子を代理して親と契約することになるのです。これは子の利益を守るためです。

☑ 子だけを相続放棄させたら、親の「取り分」が増えてしまう……

前頁の例で、親が子を先に相続放棄させる場合は、特別代理人を選任しなければいけません。**親の「取り分（相続分）」が反射的に増えるため、親が子を代理するのは利益相反になるからです**（最判昭53.2.24参照）。

このときは相続放棄の前提として家庭裁判所を通して特別代理人の選任が必要になるため、専門家へ相談するとよいでしょう。

☑ 子のすべてが相続放棄をすると

第一順位の相続人の全員が相続放棄をすると、後順位の者が相続人になるため、その者の相続放棄も検討するべきです。詳しくは第3章p.58で解説をします。

> 相続放棄が「利益相反行為」にあたらないなら、自分でもできる。

その他に専門家への相談を検討するべき場面
～マイナスの相続財産は「古い債務」ですか？～

たくさんの検討事項があったけど、私は大丈夫そう。自分で相続放棄できるわ！

おっと、実はもう少しだけ検討事項がありました。あまりない話ですが、マイナスの相続財産が「古い債務」だった場合も、専門家に相談した方がいい場面でした。念のため確認しましょうね。

☑ 民法が定める「消滅時効」とは？

　被相続人に借金があり、その額が預金等のプラスの相続財産を上回る場合でも、急いで相続放棄をしてはいけない場面があります。

　民法には「消滅時効」という制度があります。「債権者が権利を行使することができることを知った時から五年間行使しないとき」又は債権者が「権利を行使することができる時から十年間行使しないとき」は、権利の上に眠る者は保護に値しないとの考えに基づき、債権は時効によって消滅すると定められているのです（民法166条）。

☑ 借金が返済不要になる「時効の援用」ってなに？

　消滅時効の対象になっている債務は、債務者や保証人等の当事者が「時効制度を利用します！」という意思の表示をすることで、返済が不要になります（民法145条）。これを「時効の援用」といいます。

☑ 注意するべき「被相続人死亡後の請求」

　まれにあるのが「債務者（被相続人）の死亡後に、消滅時効期間が経

過している債権の債権者が、債務者の相続人に請求してくる場面」です。相続人は被相続人の借金を正確に把握していない場合が多く、ついつい返済してしまうか、返済できない場合は相続放棄をする方もいます。

けれども「古い債務」であれば、時効を援用すれば返済しなくてもよい場面があることを忘れないでください。

☑ 相続人がしてしまいがちな「債務の承認」には要注意

消滅時効で返済不要のはずの債務でも、返済しなければいけなくなる場面があることは知っておくべきでしょう。

「債務の承認」といい、借金の存在を認めると、返済義務が生じ、時効制度を使うためにはまた時効の期間を待たなければいけません。

被相続人の債権者から請求されたときに「返します」、「父が借金をしていたことは存じています」、「分割払いで月○万円ずつ返済します」、「返済はちょっと待ってもらえませんか」と言った場合、債務の承認になる可能性があります。一部（あるいは全部）の支払いが債務の承認になることもあるため、くれぐれも注意しましょう。

☑ 裁判になることも……

債務があるかないかを争点として、裁判になることがあります。したがって、被相続人の債務で「古い債務」がある場合は、債務の承認をせずに専門家へ相談しましょう。

Point　被相続人のマイナスの相続財産は、「消滅時効」の制度で消えないか確認。

第2章

まずは「相続放棄」の仕組みを知ろう

相続が開始したら、一切の財産を相続人が受け継ぐのが原則

ここからは相続放棄の基礎知識を説明します。既に述べたことや、ご存知のこともあるかもしれません。けれども大事なことばかりですので、しっかり確認しましょう。まずは前提知識として、「相続の効果」についてです。

☑ 相続人が相続する「遺産」とは？

　相続とは、自分の親や配偶者（夫からみた妻、妻からみた夫）が亡くなり、彼・彼女らの財産を引き継ぐことが効果の中心です。注意しなければいけないのは、引き継ぐのは「プラスの相続財産」ばかりではないということです。借金のようなマイナスの相続財産があれば、それも遺産として相続人が引き継ぐのです。このように原則として「すべて」を引き継ぐことになる相続の効果は、法律用語で「包括承継」といわれています。

　また、「すべて」を引き継ぐのですから、「お金」と直接結びつかないようなものも引き継ぐことは忘れてはいけません。契約上の地位、借地権・借家権なども相続の対象になるのです（ただし公営住宅の借家権については、当然には承継されません。最判平成2年10月18日）。

☑ 相続されるプラスの相続財産とは？　マイナスの相続財産とは？

　相続の対象になるプラス財産とマイナス財産を確認しましょう。

プラスの相続財産	現金、預金、不動産、株（非上場株式を含む。）、社債、国債、地方債、ゴルフ会員権、借地権、借家権、未回収の貸金債権、自動車など
マイナスの相続財産	借金、被相続人が負っていた未払いの税金、未払いのカード使用料、保証債務など

☑ 相続放棄をしても「お墓」や「仏壇」は守れるって本当？

相続の対象になりそうな財産でも、民法の条文で通常の相続財産とは別の扱いを受けるものもあります。系譜（家系図）、祭具（たとえば仏壇、位牌、神棚）、墳墓（たとえば墓碑など）は、「祭祀財産」と呼ばれ、これらは通常の相続財産とは切り離して扱われます。

ここで祭祀財産の話を出したのは、祭祀財産は相続放棄の影響を受けないためです。つまり相続放棄をしたら「相続財産」を承継することができませんが、祭祀財産は通常の相続財産とは切り離されているため、相続放棄をしても、祭祀財産は引き継ぐことができるのです。

☑ 注意すべき「保証債務」

マイナスの相続財産で要注意なのは保証債務です。被相続人が誰かの保証人になっていたら、相続人が保証債務を相続し、保証人になります。

ただし、保証した者と債務者の人的関係に基づく「身元保証債務」や、継続的取引から生じる債務を広く保証する「根保証債務（信用保証債務）」については、相続の対象にならないものがあります（判断が複雑になるため、これらの保証債務がある場合は専門家に相談するとよいでしょう。）。

☑ 相続放棄しても「生命保険金」を受け取れることもある

相続放棄をしたら、生命保険金は受け取れないと思うかもしれませんが、受け取れる場合もあります。これは保険契約の受取人によるのです。被相続人たる夫を被保険者として、相続人であった妻が受取人であった場合、保険金は相続財産ではなく、妻自身の財産であり、相続放棄をしても受け取れるのです（相続人が保険金受取人である場合に、保険金は相続財産ではないことについて山口地徳山支判昭和40年5月13日参照）。

「プラスの相続財産とマイナスの相続財産」を確認する。

相続が開始したら、「単純承認・限定承認・相続放棄」の選択肢

相続が開始したら、すべてを相続するのが基本なのね。けど、相続放棄をしたら相続しなくて済むのよね?

はい、すべてを受け継ぐのが相続の「原則」ですが、例外もあります。実は相続財産の引き継ぎ方は3つの方法に分けることができて、民法では「受け継がない自由」も認められているのです。

☑ 遺産承継の3パターン

3つの方法を整理すると次の通りです。

- 単純承認 ……すべてを引き継ぐ制度（民法の原則）。
- 限定承認 ……すべてを引き継ぐものの、マイナスの相続財産は、相続したプラスの相続財産の範囲内で支払えば足りる制度（「マイナスの相続財産が、プラスの相続財産よりも多い」ときに、相続人自身の財産で支払う必要はない。）。
- 相続放棄 ……相続財産を承継しない制度であり、マイナスの相続財産がプラスの相続財産を上回るときに役立つ制度。

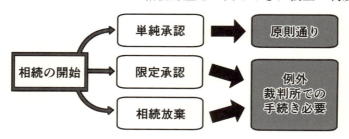

☑ 相続の基本はすべてを相続する「単純承認」

　繰り返しになりますが、ある人物が死亡して相続が開始したら、相続人は故人が有していた資産・負債等をすべて承継するのが基本です。このように民法の原則をそのまま受け入れるのが「単純承認」です。

　実際の相続の仕方は、相続人が複数いて、遺言書や遺産分割協議がない場合は「法定相続分（p.48）」に従って相続をします。たとえばAさんが死亡し、家族は配偶者であるBさんとAB間の子であるCさんである場合は、BさんとCさんで2分の1ずつ、Aさんの資産も負債も相続していきます。

☑ こんなときは単純承認

　単純承認を選択する典型的な場面は、プラスの相続財産がマイナスの相続財産を上回っている場面、あるいはマイナスの相続財産がまったくない場面です。

　これらの場面なら、素直に単純承認を選択すればよいでしょう。**単純承認をするためには、特別な手続きは不要です。**自己のために相続開始があったことを知った時から3か月以内に、限定承認か相続放棄の手続きをとらなかった場合は、自動的に単純承認になります。

☑ 単純承認のここに注意

　単純承認で注意しなければいけないのは、一定の事由があれば、自動的に単純承認になる点です。「法定単純承認事由」といいますが、この事由に該当すると、単純承認するつもりがなくても単純承認になってしまいます。詳しくは後述（p.28参照）します。

☑「限定承認」の特徴

　限定承認は、遺産の規模が分からない相続人にとっては有益な制度です。限定承認をすれば、プラスの相続財産がマイナスの相続財産を上回ればプラス財産を相続できるし、マイナスの相続財産がプラスの相続財産を上回っていれば、プラスの相続財産の範囲内で相続債務の支払いをしておしまいにできるためです。つまりマイナスの相続財産の方が多い場合は、相続人自身の財産を持ち出してまでマイナスの相続財産を支払う必要はありません。

　そんな「限定承認」ですが、下記の事情から相続放棄に比べて手続が複雑になっています。

1　限定承認は、自己のために相続の開始があったことを知った時から3か月以内に、財産目録を作成し、**相続人の「全員で」家庭裁判所において申述をする必要がある**（民法923条、924条）。
2　限定承認をした後5日以内に、相続債権者等に対し、請求の申出を促すために官報（分かりやすく言うと、国が発行している広報紙）による公告及び各別の催告をしなければいけない（民法927条）。

☑ 限定承認は、専門家へ相談

　限定承認は以上のような事情があり、手続きが簡単ではありません。限定承認をしたい場合は、専門家への相談を検討しましょう。
（注）限定承認は専門家に相談するべき手続きであり、本書のテーマから外れるため、ここからは限定承認以外を解説していきます。

☑ 相続放棄は相続人でなくなる制度

単純承認や限定承認と違って、相続財産をいっさい承継しないのが「相続放棄」です。民法939条によると、「相続の放棄をした者は、その相続に関しては、初めから相続人とならなかったものとみなす。」とされています。相続放棄をすれば、相続人になるはずの者が相続人にならないことになるのです。

☑ 相続放棄は利用実績多数

裁判所の司法統計によると、相続放棄は平成27年だけで、189,381件が家庭裁判所で処理されており、よく利用されていると分かります。

相続放棄が利用される理由は、その効果と申述のしやすさにあります。

効果について述べると、「相続人にならなかったものとみなされる」ことから、**マイナスの相続財産が明らかにプラスの相続財産を超えている場合に相続放棄は有効**です。

手続きについては、限定承認が相続人全員での申述が必要であったのに対して、**相続放棄は相続人それぞれが申述するかどうか判断でき、各相続人の事情に合わせた対応が可能**なのです。

なお、相続放棄は相続開始前に行うことは認められていません。自己のために相続の開始があったことを知った時から3か月以内に、家庭裁判所に申述しなければなりません。

相続が開始したら、「単純承認・限定承認・相続放棄」の3つの選択肢。
「プラス相続財産＞マイナス相続債務」なら単純承認。
「マイナス相続債務＞プラス相続財産」なら相続放棄。
「プラス相続財産とマイナス相続債務いずれが多いか不明」なら限定承認。

「3か月経過後」でも相続放棄はできる？

相続放棄で大変なのは、なんといっても「3か月以内」でなければいけない点です。第1章でも述べましたが、条文上要求される「3か月以内」は、被相続人の「死亡日から3か月以内」ではありません。しかし自分で相続放棄を進めるのは、「死亡日から3か月以内」に限定するのが安心です。ここで相続放棄の「3か月」について、詳しく解説しましょう！

たしかテレビでは「3か月経過後」でも相続放棄できることがあるって言っていたわ。どういうことか気になるから、詳しく教えてね。

☑「3か月」は、単純承認か相続放棄か選択できる「熟慮期間」

　3か月の期間経過までは、相続の効果をそのまま受け入れるか（単純承認）、拒否するか（相続放棄）を相続人が選択することができます。
　この相続人に与えられた判断するための期間のことを「熟慮期間」といいます。

> 参考：民法915条
> 　相続人は、<u>自己のために相続の開始があったことを知った時から3か月以内に、</u>相続について、単純若しくは限定の承認又は放棄をしなければならない。

☑「3か月経過後」でも、相続放棄はできる？

　「死亡日から3か月が経過」してしまうと、相続放棄はできないと思っている方がいますが、できる場合があります。民法915条をよく読むと、「死亡日（相続開始時）から」3か月ではなくて、「自己のために相続の開始があったことを知った時から」3か月が熟慮期間なのです。

　難しいのは、条文にある「自己のために相続の開始があったことを知った時から」の捉え方です。

☑「自己のために相続の開始があったことを知った時」とは？

　熟慮期間の起算点は「自己のために相続の開始があったことを知った時」ですが、裁判所の見解によると、原則として次の1と2の各事実を知った時から起算するとされています（最判昭和59年4月27日）。

> 1　相続開始の原因事実を知った
> 　　（たとえば自分の親が亡くなったという事実を知った）
> 2　自己が法律上相続人となった事実を知った
> 　　（たとえば自分は亡くなった者の子だから、相続人になると認識した）

　以上の2つの事実を知った時から、「3か月」の熟慮期間は起算されるのが原則です。ほとんどの場合は、親族が死亡したことを知るのは死亡日であり、死亡日に自分が相続人だと認識するため、熟慮期間は「死亡日から」起算されることが通常だといえます。

☑ マイナスの相続財産の存在を後日知ったら手遅れ？

　相続でもっとも困ってしまうのは、相続財産の存在を全く知ることができずに、上記の1と2が揃ったときから3か月が経過してしまう場合です。

　たとえば自分の親が亡くなり、3か月経過した後に親の債権者であった者から相続人宛に請求がきて、相続財産（この場合はマイナスの遺産）の

存在に気が付く……。法律知識のある債権者であればなおさら、3か月経過のタイミングを見計らって内容証明郵便等で相続人に請求をしてくるものです。

こんなとき、「相続放棄はもうできない、親の借金は子である自分が返済しなければならない」と考えてしまっていないでしょうか。

しかしながら、前述の昭和59年の最高裁判例は、熟慮期間の起算点についての例外を示してくれています。

☑「死亡日から3か月」を過ぎていても大丈夫な場合がある 重要

最高裁の判例によると、例外として下記の3及び4の場面に該当する場合は、熟慮期間の起算点をずらすべきと述べています。この場面の熟慮期間は、①相続人が相続財産の全部又は一部の存在を認識した時、または②通常これを認識しうべき時から起算すべきであると示してくれているのです。つまり「相続財産の存在を知った（あるいは知ることができた）ときから3か月以内」であれば、相続の放棄ができる場合があるのです（読みにくいかもしれませんが、大切なところなので以下は判例（最判昭和59年4月27日）の文章からほとんどそのまま掲載します。）。

3　相続人が、相続開始の原因事実及びこれにより自分が法律上相続人となった事実を知った場合であっても、当該各事実を知った時から3か月以内に限定承認又は相続放棄をしなかったのが、被相続人に相続財産が全く存在しないと信じたためであり、

かつ、

4　被相続人の生活歴、被相続人と相続人との間の交際状態等の状況からみて当該相続人に対し相続財産の有無の調査を期待することが著しく困難な事情があって、相続人において上記3のように信ずるについて相当な理由があると認められるとき

☑「3か月経過後の相続放棄も大丈夫」とする情報には要注意

これまで見てきたように、熟慮期間の起算点は事案によって異なります。インターネットなどでは、「相続が開始して、3か月経過後の相続放棄も認められる」という情報もありますが、くれぐれも注意しましょう。事情が事情なら「認められる場合もある」というのが正確で、すべてが認められるわけではないのです。

☑ 熟慮期間から考える、相続の手続選択は？

相続放棄の手続きの進め方を、「熟慮期間」との関係で整理すると次の3つが考えられます。あなたの状況に合わせて参考にしてください。

---
① 「死亡日から」3か月が経っておらず、マイナスの相続財産がプラスの相続財産を超えることが明らかであり、相続放棄にすぐに着手でき、時間的にも間に合う
　→自分で相続放棄を進めることを検討してもよい
　　※「死亡日から3か月」が経過してしまうと、裁判所に、「前頁3及び4の事情がある旨」を伝えなければならず、手続きが複雑になります。
② 「死亡日から」3か月が経っておらず、プラスの相続財産とマイナスの相続財産の規模が分からない
　→「熟慮期間の伸長の申立て（p.128参照）」をし、相続財産の調査を進めてから、相続放棄の必要性を再度検討する
③ 「死亡日から」3か月が経ってしまった……
　→相続放棄をしたいなら、専門家に相談をすることを検討する

相続放棄の申述をして、却下されてしまった場合は「即時抗告」という方法で裁判所の判断を覆すことになります。これは決して簡単ではないため、ケース③であれば専門家へ相談するべきです。

死亡日から3か月を過ぎていても相続放棄できる場合はある。

相続放棄をするのなら、「法定単純承認」に要注意

相続放棄をするのなら、「3か月の経過」以外にも注意するべきことがあります。一定の事由があれば、相続放棄ができなくなるのです！

もしかして第1章 (p.6) でも話していた「法定単純承認事由」のことかしら？

☑ 相続放棄ができなくなる「法定単純承認事由」とは？ 重要

　民法921条によると、次の3つの場面に該当すると、単純承認をしたものとみなされて、相続放棄ができなくなります。

> 1　相続人が相続財産の全部又は一部を「処分」したとき
> 　（ただし、保存行為及び民法602条に定める短期賃貸借（注）は除く。）
> 2　相続人が**熟慮期間内に、限定承認又は相続の放棄をしなかったとき**
> 3　相続人が、限定承認又は相続の放棄をした後であっても、相続財産の全部若しくは一部を隠匿し、私にこれを消費し、又は悪意でこれを相続財産の目録中に記載しなかったとき（ただし、その相続人が相続の放棄をしたことによって相続人となった者が相続の承認をした後は、この限りでない。）

　上記2はp.6で解説をしたとおりです。何もせずに熟慮期間（3か月）

を経過してしまうと、単純承認になるのです。相続が開始したら葬儀や四十九日法要などで何かと忙しいのが通常ですが、**相続放棄を検討しているのなら、期間の経過による単純承認にも注意しなければいけません**。

☑「ある行為」をしたら、相続放棄ができなくなる

前頁の1と3は、ある行為をしたがために単純承認になってしまう場面です。

1の「処分」は、本来なら、権利者でなければできないような行為であり、たとえば「売却」などが該当します。「相続財産を相続人が売る」ということは、「自分のものであるから売却をした」と考えることができるため、単純承認になります。処分については、次頁で詳しく説明をします。

3の「隠匿」や「私に消費」によって単純承認と扱うのは、**相続人に対するある種の制裁**です。相続放棄をしてマイナスの相続財産から免れたのに、プラスの相続財産だけ自分のものにしようとする行為は許されるものではありませんので、単純承認と扱うのです。詳しくはp.34で解説をします。

（注）短期賃貸借制度は今後の民法改正で変わる可能性があります。

「法定単純承認事由」に該当したら相続放棄はできない。

相続放棄を検討しているなら、遺産の「処分」は避ける

「法定単純承認事由」のなかで、ついついしてしまいがちなのが、相続放棄をする前に「相続財産の処分」をすることです。相続財産を売却したり贈与したりしてしまう方がいるのです……。

なるほど、売却などの処分は、自分のものじゃなければできないはずよね。処分をしたことが、自分のものって認めたことになるのね。

そうです！ けど、注意するべきは「処分」の意味は意外と広く、売却や贈与だけではないという点です。ここはしっかり確認しましょう。

☑ 家屋の取り壊しも立派な「処分」

処分に該当するのは売却や贈与だけではありません。

処分に当たると考えられるもの	売却、贈与、相続財産に属する家屋の取り壊しや高価な美術品の損壊など
処分に当たらないと考えられるもの	腐敗しやすい物の処分などの保存行為（注）

（注）保存行為とは、相続財産の現状を維持するに必要な行為をいいます。

☑ 債務の弁済（たとえば借金の支払い）は「処分」に当たる？

相続債務の支払いといえば、「相続財産中の現金による弁済」をすることがあり、特段の事情がなければそれは「保存行為」の範囲内であって、法定単純承認事由の処分にはならないと考えられます（ただし弁済が「処分」に当たるとする説があるし、さらには弁済を受けられなかった債権者との間で争いになることもあるため、相続放棄をするのなら安易に弁済しない方が賢明です。）。

問題なのは、不動産などの相続財産を売却して弁済することです。この場面では不動産等の処分行為が法定単純承認になると考えられます。

☑ 「形見分け」をしたら相続放棄ができなくなる？

では、故人の思い出の品を親族などで分け合う「形見分け」は処分に当たり、法定単純承認になるのでしょうか。「形見分け」は贈与をしているように見えますから、検討が必要です。

裁判所の判断によると、その品に「一般経済価額」があるかどうかがポイントです。たとえば形見分けの対象が「既に交換価値を失う程度に着古したボロの上着とズボン」なら、形見分けは処分には該当しないとされた事例があります（東京高決昭和37年7月19日）。

一方で、この基準によると衣類や日用品であっても交換価値がないとはいえないものであれば、誰かに形見分けをした場合は「処分」になることがあるため注意が必要です。

☑ 葬儀費用の支出、仏壇や墓石の購入は？

　相続財産のなかから葬儀費用、仏壇、墓石の購入費用を支払うことは珍しくありません。では、これらの支出は相続財産の「処分」にあたり、単純承認と扱われるのでしょうか。

　裁判所の判断によると、**不相当なものでなければ「相続財産の処分」**には該当しないとされた事例があります。葬儀を執り行う、仏壇や墓石がなければ購入して死者をまつる、これらは日本の慣習としては自然な行為です。相続財産のなかからこれらの費用を支出する行為は社会的に不当なものとは言えず、単純承認事由の「処分」には当たるとは言えないのです（葬式費用について東京控判昭和11年9月21日、仏壇及び墓石について大阪高決平成14年7月3日参照。なお同大阪高決では、仏壇及び墓石の購入費用の一部を相続人が負担していたという事情がありました）。

☑ 会社経営者などが亡くなった場合は要注意

　相続財産に株式が含まれることは珍しくありません。たとえば故人が株式投資をしていた、会社を経営していた等の場面です。

　故人が有していた株式は相続財産ですが、「相続財産の処分」との点で注意が必要です。株主総会の時期に、**相続人が株主として議決権を行使することが相続財産の処分に当たり、法定単純承認になる**とされた事例があるのです。

　実際の事例によると、取締役選任及び増資の決議について、相続人が故人から相続した株式で株主総会における議決権を行使した場合において、「相続財産の処分」に当たるとされたものがあります（東京地判平成10年4月24日）。

☑ 分からなければ「しない」が一番

　これまで見てきたように、「相続財産の処分」と一言でいっても、範囲が広く、裁判所において何が処分に当たるのか争点になることがある

とお分かりいただけたでしょうか。

相続放棄ができなくなると、相続人であるあなたの人生設計が大きく狂ってしまう可能性があります。

もし相続財産について「何か」をしようと思ったときは、立ち止まって考えてください。いま必要な行為なら仕方ないかもしれませんが、緊急性がない行為なら、避けて通ることが望ましいでしょう。

☑ 家庭裁判所は「処分」をどう把握する？

「処分」に該当する事実があっても、家庭裁判所がその事実に気付くことはないのではないか？ との疑問があります。もしそうなら、処分があっても相続放棄ができてしまうことになります。たしかに「処分」は相続人がすることであり、家庭裁判所は相続人の動向を四六時中監視しているわけではないため、このように思ってしまうのも無理はありません。

しかしながら、「処分」の事実があったかどうかは家庭裁判所から確認されるのが通常です。詳しくは第6章p.124で触れますが、「照会書」という書面で、「処分などの法定単純承認事由に該当する事実がないか」を確認されるのです。さすがに家庭裁判所の確認に対して虚偽を述べることはできませんから、相続放棄を検討しているのなら、やはり「処分」に当たる可能性のある行為は避けた方がよいでしょう。

☑「処分」に該当したと思っても専門家へ相談

本書を読んで「処分」に該当する事実があると思っても、相続放棄ができないとあきらめてはいけません。「処分」に該当するかどうかは個々の場面によって異なるため、専門家へ相談するとよいでしょう。

Point　相続放棄を検討しているのなら、「相続財産の処分」はしない。
何が処分か分からなければ、必要最低限のことしかしない。

相続人への制裁
～これをすると単純承認になる～

民法は「処分」の他にも、相続放棄ができなくなる「法定単純承認事由」を定めています。具体的には「民法921条3号」に規定されていることですが、どのようなことをしたら3号に当たるのかを説明しましょう。

参考：民法921条3号
　相続人が、限定承認又は相続の放棄をした後であっても、①相続財産の全部若しくは一部を隠匿し、②私にこれを消費し、又は③悪意でこれを相続財産の目録中に記載しなかったときに単純承認になる。

☑ 相続放棄をする「前」であっても「単純承認」

　民法921条3号は、相続人に対する制裁的な規定です。
　この点から、「相続人が相続の放棄をした後」だけでなく、「相続の放棄をする前」に隠匿や消費などがあった場合も、単純承認になると考えてよいでしょう（厳密には見解が分かれますが、相続放棄ができる可能性を広げるためにも、「相続放棄の前後で」これらの行為はしないと考えておくと安全です。）。

☑「形見分け」は度を過ぎると「①隠匿」に当たり相続放棄ができない……

　隠匿とは、相続財産の有無・所在を分からなくする行為です。
　裁判所の判断によると、通常の形見分けは「相続財産の処分」に該当にしないだけでなく、「隠匿」にも該当しません。
　しかしながら相続放棄の申述受理後、相続人が被相続人のスーツや毛

皮コートなどほとんどすべてを自宅に持ち帰った行為は形見分けの範囲を超えるものであり「隠匿」に当たるとされた事例もあります（東京地判平成12年3月21日）。

☑「②私に消費」も単純承認

「私に消費」とは、「ほしいままに相続財産を処分して原形の価値を失わせること」をいいます。

何が「私に消費」に当たるかはケースバイケースです。大昔の事例では、相続財産として保管中のお米が虫害を受けたので当該お米を処分し、相続人の財産中から別のお米を代わりに代置したとしても「私に消費」とはされていません（大判昭和17年10月23日）。

☑「③悪意で相続財産の目録中に記載しなかったとき」は限定承認の場面

財産目録の作成が問題になるのは、限定承認をする場合であって相続放棄の場合ではありません。したがって相続放棄の場面では、これを理由として単純承認になることはありません（大判昭和15年1月13日）。

☑ 分からなければ、やっぱり「しない」

「相続財産の処分」と同じように、相続放棄を検討するのなら、何が「隠匿、私に消費」に当たるか分からなければ、**緊急性のない行為は「しない」**に越したことはありません。

相続放棄はただでさえ「3か月以内」にしなければならず、できる場面は限定されています。緊急性のない行為をすることで、相続放棄ができる場面をさらに限定しないようにしましょう。

相続放棄を検討しているのなら、「隠匿」「私に消費」はしない。
何が「隠匿」「私に消費」に当たるのか分からなければ、必要最低限のことしかしない。

遺産分割協議で「放棄」しても、借金は相続することになる

私は「処分」とかの事情がないから相続放棄ができそうだわ。あれっ、相続放棄は家庭裁判所でするのよね？ 私の友達は「相続放棄」したって言っていたけど、裁判所に行ったなんて一言もいっていなかったわ。

なるほど〜、それは危険ですね。自分では「相続放棄」したと思っているのかもしれませんが、「相続放棄」になっていない場合がありますよ。

☑「相続を放棄する」のほとんどは、単なる相続人間の話合い

　相続放棄は、効果が絶大である代わりに、厳格な要件に基づいて手続きをしなければいけません。再三述べているように、3か月以内に、家庭裁判所で申述をしなければいけないのです。

　相続放棄といえば、「私は何も要らないから遺産は『放棄』する」、「父の財産は兄が相続したから自分は相続を『放棄』した」と話す方がいます。

　このように話す方は自分が「相続放棄」をし、「負債も含めて何も相続しなくなった」と思い込んでいますが実はそうとは限りません。

　よく聞く「遺産を放棄する（した）」というのは、法的にはただの「遺産分割協議」に当たる場合がほとんどです。簡単にいうと、単なる相続人間の話し合いで、自分の取り分を「なし」と決めたということです。

　注意しなければいけないのは、**遺産分割協議で「放棄する」と述べても、マイナスの相続財産の承継は避けられない**点です。

☑ マイナス財産の相続を回避できない「遺産分割」 重要

　遺産分割協議をすれば、相続人間の話し合いで「特定の遺産を、特定の相続人が相続をする」と決めることができます。

　しかしながら、相続財産のすべてが遺産分割の対象になるわけではありません。**対象にならない代表例は「マイナスの相続債務」、つまり借金**です。

　たとえば相続が開始すると、マイナスの相続財産で「可分のもの（分けることができるもの）」は、当然に相続分に応じて承継されます。借金などの金銭債務が典型例で、相続人が複数いるなら法定相続分（p.48参照）に従って相続されるのです。

　過去の裁判所で問題になった事例をひもとくと、多くの裁判例において**「遺産分割の対象たる相続財産中に、相続債務は含まれない」**とされています（大阪高決昭和31年10月9日、同趣旨の裁判例として東京高決昭和37年4月13日）。

☑ プラスの相続財産はもらえないけど、マイナスの相続財産は承継する悲劇

　遺産分割協議において「何も相続しない」としても、債務は相続してしまうことはご理解いただけたでしょうか。**相続人間での遺産分割協議の対象は、「プラスの相続財産」だけだと思ってください。**

　つまり、**遺産分割で「何も相続しない」としたことは、「プラス財産は相続しないが、マイナス財産は相続すること」**になることを忘れてはいけません。

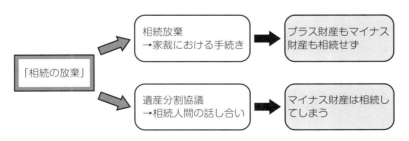

☑ 遺産分割協議は「相続財産の処分」に当たり、相続放棄ができない？

では、相続人が「自分のした『放棄』が、単なる『遺産分割』だった」と気付いた場合、どうなるのでしょうか。

熟慮期間内であれば、家庭裁判所への正式な相続放棄の申述をするでしょう。この場合、申述は受理され、正式な相続放棄の効果（つまり債務の相続回避）を得ることはできるのでしょうか？

厳密に述べると、**遺産分割協議後は、「相続放棄」をすることができないことがあります**。過去の裁判所の事例によると、遺産分割協議は法定単純承認事由である相続財産の「処分」に該当してしまうという判断があるのです（大阪高決平成 10 年 2 月 9 日）。

遺産分割協議は、相続人が「自分が相続人になった」ことを前提とした話合いですから、このような判断が下されることもあるでしょう。ただし「遺産分割協議」をしたと思っても、本当に相続放棄ができないか、専門家に相談しましょう。

☑ 遺産分割協議をしてしまっていても、相続放棄できることはある

上記の裁判所の事例において、さらに裁判所は「遺産分割協議」をしても、処分に該当せず、相続放棄ができる余地があると言及をしています。

具体的には相続放棄の手続きを採らなかったのは、相続債務の不存在を誤信していたためであり、被相続人と相続人の生活状況等によっては、遺産分割協議が「要素の錯誤によって無効」になる場合です。

「要素の錯誤により無効」という難しい表現がありますが、「要素の錯誤」とは、話し合いの肝心な部分に重大な勘違いがあるという意味です。このとき協議自体が無効になれば、法定単純承認にもならないのです。

ただし遺産分割をしてしまってからその無効を主張するのは大変です。**相続放棄を検討するのなら、相続人間の遺産分割協議は後回しにしましょう**。

☑「相続分なきことの証明書」「特別受益証明書」には要注意

　遺産分割協議で、「自分は何も要らない」と言っても、「相続放棄（つまりマイナスの相続財産の承継を回避するもの）」にはならないと述べました。

　これと似た話ですが、司法書士等の専門家が、相続人の一部の者に「相続分なきことの証明書」や「特別受益証明書」といった書類にサイン（や押印）をもらうことがあるかもしれません。

　たとえば相続財産のなかに不動産がある場合、登記手続きのために、一部の相続人から「被相続人の生前に、私は十分な財産をもらっているため、今回の相続では、相続するものは何もない」といった類の書類にサイン（や押印）をいただくことがあるのです。

　このような「相続分なきことの証明書」や「特別受益証明書」と呼ばれる書類にサイン（や押印）をしたとしても、これも「相続放棄」にはなりません。

　「相続するものは何もない」という書類にサイン（や押印）をしているわけですが、あくまでこれも「相続放棄」には当たらず、マイナスの相続財産については効力がありません。「相続するものは何もない」という書類を作成していたとしても、故人に借金があったのなら、**借金は相続してしまうので注意しましょう**。

> 「遺産分割協議」で何も相続しないとしても、マイナスの相続財産は承継する。
> 「相続分なきことの証明書」、「特別受益証明書」を作成しても、マイナスの相続財産は承継する。

相続放棄は撤回・取消しはできるの？

なるほど、相続放棄ができなくなるのはこわいわね。ところで逆の話だけど、相続放棄を一度してしまったら、その申述は撤回・取消しはできるのかしら？

う〜ん、いい質問ですね。ちゃんと民法に規定がありますよ！

> 民法919条では
> 1 相続の承認及び放棄は、熟慮期間内でも、撤回することができない。
> 2 前項の規定は、民法第一編（総則）及び前編（親族）の規定により相続の承認又は放棄の取消しをすることを妨げない。とされています

☑ 事後的な事情の変化で「相続放棄をなかったことに……」はできない

相続放棄の撤回とは、事後的な事情の変化で、放棄の効果を失わせることです。これについては民法919条によると、一度してしまった相続放棄の撤回はできないことが分かります。相続放棄の申述をするかどうかの判断はくれぐれも慎重にしなければいけません。

☑ 相続放棄の「取消し」は、一定の場合はできるが大変……

撤回に似た言葉として「取消し」があります。相続放棄の取消しとは、「相続放棄の申述の時点で」何らかの問題がある場合に、放棄の効果を初めにさかのぼってなかったことにできる制度です。

非常に限定的ですが、次のような場面です。

1　未成年者が親権者等の同意を得ないでした相続放棄（民法5条）

2　成年被後見人がした相続放棄（民法9条）

3　被保佐人が保佐人の同意なくしてした相続放棄（民法13条）

4　詐欺や強迫によってされた相続放棄（民法96条）

☑ 相続放棄の取消しは家庭裁判所で

　民法919条には続きがあり、「相続の放棄の取消しをしようとする者は、その旨を家庭裁判所に申述しなければならない。」とされています。「家庭裁判所への申述」ということは、取消しは簡単ではありません。相続放棄は、「取り消すことはない」という確信を得てから申述しましょう。

☑ 取り消すなら早めに……

　相続放棄を取り消すのなら、早めに申述をするに越したことはありません。民法919条にはまだ続きがあって、3項で「取消権は、追認をすることができる時から6か月間行使しないときは、時効によって消滅する。相続の承認又は放棄の時から10年を経過したときも、同様とする。」と定めています。

　相続放棄を取り消せると気付き、さらには現実に取り消せる状況にあるのならそのタイミングから6か月、取り消せると気付かなくても相続放棄のときから10年経ったら、相続放棄の取消しはできなくなってしまうということです。

☑ 相続放棄の効果を否定できる場面はまだある

相続放棄が「無効」であれば、放棄の効果はないと主張できることがあります。

相続放棄の無効は、民法の「無効原因」があり、初めから相続放棄の効力が生じないことです。過去の事例を見ると、故人の遺産規模の把握ができていない場合に相続放棄をした者が、無効（錯誤による無効）を主張して認められたケースがあります（高松高判平成2年3月29日、この事例では相続人に多額の損害賠償債権が相続できるとの認識がありませんでした。）。

しかし無効の主張も簡単ではないため、やはり**無効の主張をすることがないと確信できるまで検討をしてから、相続放棄をすること**を強くおすすめします。

☑ 取消しや無効の主張は専門家に相談

一度した相続放棄の効果を否定するのは簡単ではありません。

取消しや無効の主張をする場合は、専門家に相談しましょう。

相続の取消し、無効主張をすることがないと確信して手続きをする。

第3章

そもそも誰が相続人？
~「法定相続」について解説~

相続人は「民法」で決まっている
～法定相続人のお話～

ところで根本的な話になっちゃうけど、相続放棄ができるのは「相続人」よね？ 誰が相続人になるかは、民法で決まっていると聞いたことがあるけど、その辺について教えてもらえないかしら？

はい、「誰が」相続人になるのか（法定相続人の問題）、そして各相続人は資産・負債等を「どのくらい」相続することになるのか（法定相続分の問題）は民法で定められていますよ。まずは「法定相続人」について説明しましょう。

☑ 相続人は2種類で、「配偶者相続人と血族相続人」

　相続人といえば、配偶者相続人と血族相続人がいます。配偶者とは「夫からみた妻・妻からみた夫」のことです。血族とは、自然的に血のつながりがある者、あるいは養子縁組といった法的な親子関係のある者です。

　相続の開始時（つまり被相続人の死亡時）に配偶者が生きていれば、**配偶者は必ず相続人になります**（民法890条）。一方で**血族相続人の場合は「順位」があり、「順位」に従って誰が相続するか決まります**。

☑ 血族相続人について、もう少し詳しく……

　血族相続人に該当するのは、故人の子、直系尊属、兄弟姉妹です。
　「直系尊属」は分かりにくいかもしれません。直系尊属とは、家系図を書いたときに縦の関係になり、なおかつ世代が上の者をいいます。故人の親や祖父母が該当します。
　兄弟姉妹は、親が片方しか同じではない者（つまり「半血の兄弟姉妹」）でも相続人に該当します（法定相続分は、p.49参照）。

第3章　そもそも誰が相続人？　～「法定相続」について解説～　45

☑ 血族相続人の「順位」とは？

　血族相続人は、全員が相続人になるわけではありません。前述の通り「順位」があり、まずは第一順位が相続人になり、第一順位がいなければ第二順位が、第一順位と第二順位がいなければ第三順位が相続人になるのです。

　民法によると、第一・第二・第三順位の相続人はそれぞれ次の通りです。

第一順位：故人の子（あるいは代襲相続人）（民法887条）
第二順位：故人の直系尊属（たとえば親や祖父母）（民法889条）
第三順位：故人の兄弟姉妹（あるいは代襲相続人）（民法889条）

　なお、故人の死亡時に配偶者がいたら、配偶者がそれぞれの者と一緒に相続人になります。故人の死亡時に配偶者がいなければ血族相続人のみが相続人となり、血族相続人がいなければ、配偶者のみが相続人（下図ケース4）となるのです。

被相続人の親族状況	配偶者	子(孫など) (注2)	直系尊属 (注3)	兄弟姉妹 (甥姪)
ケース1（子がいる）	○ （注1）	○		
ケース2（子がいない）	○ （注1）		○	
ケース3（子と直系尊属がいない）	○ （注1）			○
ケース4（血族相続人がいない）	○			

○…相続人になる
(注1) 配偶者が被相続人死亡時に存在しなくなっていた場合は、「子・直系尊属・兄弟姉妹」である血族相続人だけが相続人になります。
(注2) 胎児（まだ生まれていない子）も相続人になりますが、胎児の相続放棄については専門家に相談してください。
(注3) 直系尊属が複数いたら、故人にもっとも近い者が相続人になり、他の者は相続人とはなりません。たとえば子がいないAが死亡したとして、Aには父と祖父がいた場合、父が相続人になり、祖父は相続人になりません（ただしAの父が相続放棄をしたら、父ではなく祖父が相続することになります。）。

ケース1 　子がいる

被…被相続人

配偶者と子が相続人になる。子が複数いる場合はその全員が相続人になる。子のなかに「嫡出でない子（結婚してない男女間の子）」がいる場合は、その者も相続人になる。子のなかに「養子」がいる場合は、その者も相続人になる。

※なお被相続人死亡時に配偶者がいなければ子のみが相続人になる。

ケース2 　子がいない

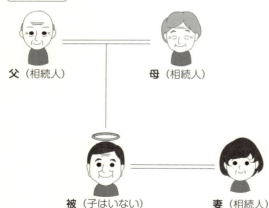

直系尊属が複数いる場合は、被相続人にとって、もっとも近い者が相続人になる。たとえば被相続人に父母と祖父母がいる場合は、父母が相続人になる。

※なお被相続人死亡時に配偶者がいなければ直系尊属のみが相続人になる。

第 3 章 そもそも誰が相続人？ 〜「法定相続」について解説〜　47

ケース3　子も直系尊属もいない

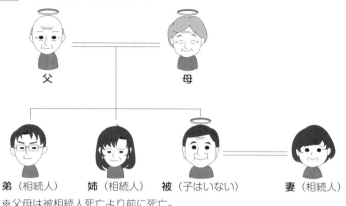

※父母は被相続人死亡より前に死亡。

　兄弟姉妹が複数いるときはその全員が相続人になる。被相続人に、いわゆる「半血の兄弟姉妹」がいた場合、その者も相続人になる。
※なお被相続人死亡時に配偶者がいなければ兄弟姉妹のみが相続人になる。

ケース4　血族相続人がいない

※被相続人死亡より前に、すべての
　直系尊属が死亡。兄弟姉妹はいない。

　被相続人死亡時に血族相続人がいない場合は、配偶者のみが相続人になる。なお被相続人の前配偶者（離婚した前妻前夫や、先に亡くなった前妻前夫）は、相続人にならない。

　　誰が相続人になるか確認する。
　　配偶者は常に相続人になり、血族相続人には「順位」がある。

民法は相続人の取り分まで決めている
～法定相続分のお話～

民法は遺言や遺産分割協議がない場合に各相続人が「どのくらい相続するか」も決めています。このような相続人の取り分のことを「法定相続分」といいます。

相続人が複数いる場合は、遺産を相続人同士で分けることになるのね。「自分がどのくらい相続するか」をはっきりさせてから相続放棄を検討した方がよさそうね。

☑ 故人に立場が近い相続人ほど、法定相続分は大きい

相続人の「取り分」である法定相続分は、相続人によって異なります。故人に立場が近い者ほど、たくさん相続できる仕組みになっているのです。具体的には**配偶者の法定相続分がもっとも大きく、次に子、直系尊属、兄弟姉妹と続きます**。兄弟姉妹までいくと故人と生計を別にしていたことが一般的ですから、配偶者に比べると法定相続分は相当小さくなります。

法定相続分を図表でまとめてみましょう（民法900条）。

被相続人の親族状況	配偶者	子(孫など)	直系尊属	兄弟姉妹(甥姪)
ケース1（子がいる）	1/2	1/2（注2）		
ケース2（子がいない）	2/3		1/3（注2）	
ケース3（子と直系尊属がいない）	3/4			1/4（注2）
ケース4（血族相続人がいない）	1（注1）			

（注1）上記図の「1」とは、すべてを相続できることを意味します。
（注2）相続開始時に配偶者がいなければ血族相続人がすべてを相続します。つまり「1」になります。

☑ 同じ順位の相続人が複数いたら、「頭数で割る」が基本

　一夫一婦制を採用している日本では「配偶者が複数」ということはありません。一方で血族相続人、つまり子・直系尊属・兄弟姉妹が複数存在することは自然であり、まったく珍しくないでしょう。

　このようなとき、相続分はどのように計算するのでしょうか？

　前頁に掲載した図表の血族相続人の相続分（具体的には「1/2・1/3・1/4・1」という相続分）は、子・直系尊属・兄弟姉妹として相続できる「トータル」を示しています。たとえば被相続人に子が二人いたとします。このとき配偶者が1/2、二人の子で1/2を相続します。

　子として相続する「トータル」である1/2を、今度は子の頭数で割っていきます。結果として、子はそれぞれ「1/4」の相続分になるのです（p.50 ケース1参照）。

☑ 「半血の兄弟姉妹」は「全血の兄弟姉妹」の半分 　難しい

　兄弟姉妹の場合は注意点があります。民法によると「父母の一方のみを同じくする兄弟姉妹の相続分は、父母の双方を同じくする兄弟姉妹の相続分の2分の1とする（民法900条4号）」とあります。

　たとえば相続人として、被相続人の配偶者と、父のみを同じくする（つまり「半血」）兄弟姉妹一人、父母を同じくする（つまり「全血」）兄弟姉妹が一人いたとしましょう。配偶者は3/4を相続しますが、兄弟姉妹は「トータルで」1/4を相続します。

　このとき兄弟姉妹の二人で1/4を半々にするのではありません。半血の兄弟姉妹は全血の兄弟姉妹の半分しか相続できないため、半血の兄弟姉妹は全体の「1/12」、全血の兄弟姉妹は全体の「2/12」という割合になるのです。

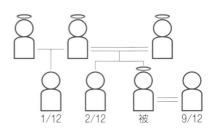

ケース1　子がいる

被…被相続人

子が相続できるトータルが「1/2」になる。子が複数いたら、その「1/2」を頭数で割ったのがそれぞれの相続分になる。なお民法改正により、嫡出でない子の相続分は嫡出子の相続分と同じになったので、子が複数のときは単純に人数で割ればよい。

※被相続人死亡時に配偶者がいなければ、子がすべてを相続する（子が複数なら、人数で割る。）。

ケース2　子がいない

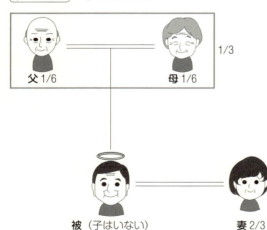

直系尊属が複数のとき（たとえば被相続人の父母が健在である場合）は、直系尊属の相続分のトータルである「1/3」を人数（2人）で割り、父が「1/6」、母が「1/6」を相続する。

※被相続人死亡時に配偶者がいなければ、直系尊属がすべてを相続する（相続人となる直系尊属が複数なら、人数で割る。）。

ケース3 子も直系尊属もいない

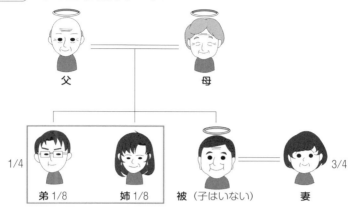

※父母は被相続人死亡より前に死亡。

　兄弟姉妹が複数いるときは「1/4」を兄弟姉妹の頭数で割った分が、各兄弟姉妹の相続分になるのが基本。ただし被相続人に「半血」の兄弟姉妹がいた場合は、その者は全血の兄弟姉妹の半分になる。
※被相続人死亡時に配偶者がいなければ、兄弟姉妹がすべてを相続する
　（兄弟姉妹が複数なら、人数で割るのが基本。半血の兄弟姉妹なら全血の半分。）。

ケース4 血族相続人がいない

子、直系尊属、兄弟姉妹がいない場合は、配偶者がすべてを相続する。

Point　各相続人がどのくらい相続するのかを確認する。
　　　　血族相続人で、同じ順位の者が複数いたら、頭数で割るのが基本。

孫が相続人になる「代襲相続」ってなに？

ところでテレビで観たのだけど、孫が相続人になることがあるのかしら？　今までの説明には、孫は出てきていないみたいだけど……。

おっと、それは「代襲相続」ですね。相続人に本来なるはずだった者の代わりに、他の者が相続人になる制度があって、これを「代襲相続」というのです。

☑ 本来相続人になるはずだった者の地位が移転する「代襲相続」の場面

代襲相続になる場面は次の3通りです（民法887条2項・3項、889条2項）。

1　被相続人の子・兄弟姉妹が、相続の開始以前に死亡したとき
2　被相続人の子・兄弟姉妹に、民法891条の「欠格事由」があるとき
3　被相続人の子・兄弟姉妹が、「廃除」されたとき

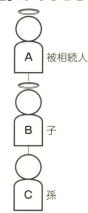

代襲相続に該当する場面のほとんどが上記「1」の場面です。たとえばAの相続の場面で、Aの子であるBがAよりも先に死亡していたら、本来相続人になるはずであったBの地位をBの子C（代襲相続人）が引き継ぎ、孫Cが祖父Aの遺産を相続します。

（なお、上記2の「欠格事由」と「廃除」によって代襲相続になるケースはほとんど見られませんので、本書ではそれらの場面の説明は割愛いたします。）

☑ 本来の相続人が「兄弟姉妹」でも、代襲相続になる

前頁で紹介した例は「本来の相続人」が故人の子であるというパターンです。

一方で、「本来の相続人が兄弟姉妹」の場合でも、代襲相続になります。たとえば被相続人Dの兄弟姉妹であるEが相続人になるはずの場面で、EがDよりも先に死亡していたとします。このときEの子であるF（Dから見て甥姪にあたる者）が存在する場合、FがEの代わりにDの遺産を相続します。

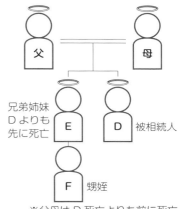

☑ 本来の相続人が子なら、曾孫も玄孫も相続人になる〜再代襲とは〜

前頁の例は、孫が親を代襲して、祖父の遺産を相続する場面でした。

では前頁のAの相続の例で、BだけでなくCも、A死亡より前に死亡していた場合はどうでしょう。この場面でCの子Gがいるなら、GはB及びCを代襲して相続人になるのでしょうか。

結論からいうと、GはB及びCを代襲してAを相続します。これを「再代襲」といいます。Aから見ると曾孫であるGも直系の関係でつながるため、民法は孫の下の代であっても、代襲相続を認めているのです。

一方で「本来の相続人が兄弟姉妹」だったら話は異なります。右の図において、Eだけでなく、FもDの死亡よりも前に亡くなっていたとします。するとFの子がいたとしても、その子が代襲相続人になり、Dを相続することはありません。**「本来の相続人が兄弟姉妹」なら、再代襲はされない**のです。

再代襲があるかどうかは、相続人を特定する上で絶対に知っておいて欲しいことです。相続人を間違えると、相続放棄をするべき者も間違えてしまいます。

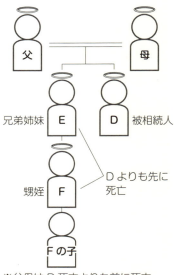

※父母はD死亡よりも前に死亡

☑ 相続放棄があっても「代襲相続」にはならない

ぜひ押さえて欲しいのは「相続放棄は代襲相続の原因」にはならない点です。

BがAの相続において相続放棄をしても、CがBを代襲してAの遺産を相続することはありません。

Bが相続放棄をしたということは、Aの遺産は借金ばかりであったと考えられます。相続放棄を代襲原因にしてしまうと、Cも相続放棄をすることになり、Cの子D、Dの子Eへと、言ってみたらキリがありません。したがって、民法は相続放棄を代襲原因にしていないのです。

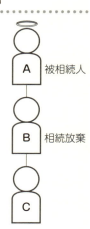

☑ 代襲相続人の取り分は「本来の相続人」に基づく

代襲相続人がどのくらい相続することになるかと言えば、代襲相続人が一人であれば、「本来の相続人」が相続するのと同じだけの割合で相続していきます。

代襲原因のあるIが相続する分が4分の1なら、Iを代襲するKの相続分も4分の1になるのです。また**代襲相続人が複数なら、「本来の相続人」の相続分を頭数で割って計算をします。**

したがって、「代襲相続」とは無関係の相続人（右の図の妻やJ）は、その相続分に影響はありません。妻は全体の2分の1を、Jは全体の4分の1を相続することになります。

☑ 代襲相続人の「相続放棄」も忘れずに……

忘れがちなのは、代襲相続人の「相続放棄」です。孫が親を代襲して相続人になることは意外と珍しくありません。代襲相続人となった孫や甥姪が相続人になった事実及び遺産の規模を知らないのなら、他の相続人はそれらを伝えてあげるとよいでしょう。もしかしたら、代襲相続人は相続放棄をしたいかもしれないためです。

なお、「親族のなかからマイナスの相続財産を消す」という場面についてはp.58をしっかり読んでください。

> 「代襲相続」まで考慮して、誰が相続人になるのかを確認する。

代襲相続と似ている「再転相続」

孫が相続人になって相続放棄を検討するといえば、「再転相続」の場面もご説明しましょう。代襲相続と似ていますが場面が若干異なり、難しいので注意してくださいね。

えっ、代襲相続だけでも頭がパンクしそうなのに、似ている場面があるのね……。できるだけ分かりやすく説明してね。

☑「再転相続」とは？…… 難しい

　再転相続は、たとえば「Ａが死亡してＢが相続人になったものの、ＢがＡの相続に関する熟慮期間中に相続の承認・放棄をしないまま死亡し、Ｂの子Ｃがさらに相続人になった場合」をいいます。
　代襲相続との違いは、まずは死亡する順番にあると考えてください。代襲相続は「ＢがＡより先に死亡して」ＣはＡの相続人になります。

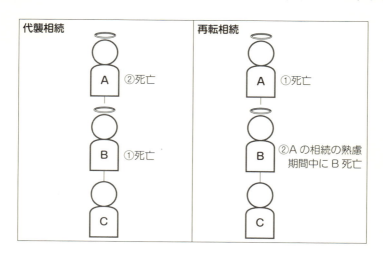

一方で再転相続は「Ａが先に死亡して」ＢがＡを相続し、「その後にＢが死亡して」Ａを相続したＢを、Ｃが相続することになるのです。

さらに再転相続では、ＣがＢを相続する時期は、Ａの相続の熟慮期間中であるのが特徴です。

☑ 再転相続時の相続放棄の仕方

再転相続の場合、Ｃは、相続放棄を「2回」検討できる立場にあります。2回とは、①Ａの相続に関する相続放棄（Ａの相続に関する相続放棄ができるはずであったＢの地位を、Ｃが引き継いでいるため）と、②Ｂの相続に関する相続放棄です。なお、Ｃが先に②の相続放棄をしたら、①の相続放棄はできなくなります（もはやＣはＢの地位を引き継いだとはいえないため）。

☑ 再転相続時の相続放棄の熟慮期間

再転相続が起こったときに、Ｃは相続人として承認するか放棄するかを決めます。熟慮期間はどこから起算するかというと、民法には次の定めがあり、Ｂが死亡してＣが自己のために相続の開始があったことを知った時から起算するとされているのです。これは上記②の相続放棄だけでなく、①の相続放棄も、②の熟慮期間と同様に起算されることを意味します。

> 参考：民法916条
> 相続人が相続の承認又は放棄をしないで死亡したときは、前条第1項の期間は、その者の相続人が自己のために相続の開始があったことを知った時から起算する。

再転相続が関わった場合の相続放棄は判断が難しいことがあるため、専門家へ相談するとよいでしょう。

Point　再転相続と代襲相続の違いをおさえる。再転相続で相続放棄をする場合は専門家へ相談することを検討する。

相続放棄がされても、「家族の相続」は終わらない！
~親族みんなで相続放棄~

こんなにたくさんのことが民法で定められているのね。誰が相続人になるのか、どのくらい相続できるのかを確認してから、相続放棄を検討しなければいけない理由が分かった気がするわ……。

分かっていただけてよかったです！　ではせっかく法定相続のお話をしましたから、話は変わり、相続放棄の注意点についてご説明しましょう。親族のなかからマイナスの相続財産を消すためには、「自分自身の相続放棄」で終わってはいけないのです。相続は、第三順位まで続きます！

☑ 相続放棄をした者にとっては、相続はもう終わりだけど……

　相続放棄の効果は、「相続人であった者が相続人ではなくなること」です。相続放棄をしたら、「相続はもう終わった」と考えてしまいがちです。けれども、「他の親族としては」相続は終わっていません。
　注意しなければいけないのは、**血族相続人で、同じ立場の方全員が相続放棄をしたら、次順位の方が相続人になる**ということ。たとえば被相続人に子が二人いて、その二人が相続放棄をしたら、今度は第二順位の直系尊属が相続人になるのです。

☑ 相続放棄は親族みんなで

　マイナスの相続財産が圧倒的に多く、誰もが相続放棄をしたくなる場面は本当に要注意です。「親族のなかから」マイナスの相続財産を消すためには、配偶者と第一順位の者全員が放棄したあとに、第二順位の者が全員放棄し、第三順位の者も全員放棄する必要があるのです。

☑ マイナスの相続財産を消すために 重要

　大切なのは、相続関係を正確に把握することです。故人の相続人はいったい誰なのでしょうか。第一順位の相続人の全員が相続放棄をしたら、第二順位の相続人になるのは誰で、第二順位がいない場合や第二順位の者全員が相続放棄をした場合は、第三順位の相続人は誰になるのかをあらかじめ明らかにしておくとよいでしょう。

　そのためには「戸籍」の収集と内容の正確な読み取りが欠かせません。相続放棄の申述に必要になる戸籍は p.88 で紹介しますが、親族の全員が相続放棄を希望する可能性がある場合は、親族が協力し合って、**第一・第二・第三順位の相続人全員を明らかにできる戸籍を早い段階で収集しておくこと**をおすすめします。たとえば子が相続放棄の申述をする場合は、故人の出生から死亡までの戸籍は不要です。けれども子が相続放棄をした後に親（第二順位）や兄弟姉妹（第三順位）も相続放棄をする可能性があるのなら、個人の出生から死亡までの戸籍を先に集めておくのです。

Point　自分が相続放棄をしたら、次は誰が相続人になるのかを確認する。
　　　次順位の相続人が相続放棄を検討できるように、一声かける。

相続人は「戸籍」を取得して確認する

大切なのは、誰が相続人になるかの確認なのね！ これはしっかりやっておくわね！

相続人の確認作業を完璧にするためには、親族内での親族状況の聞き取りや、自宅に保管されている家系図などに頼ってはいけません。これだと相続人を見落としてしまいます。相続人の確認は「戸籍」でしましょう。相続放棄に限らず、相続人の確認作業は「戸籍」を用いるのが基本なのです。

☑「戸籍」の取得は、本籍地の役所

　戸籍は住民票などと違って、取得することがあまりない書類ですが、戸籍は本籍地の役所で取得します。たとえば東京都文京区に本籍があるなら、文京区役所で戸籍が保管されているのです。遠方の役所であれば、郵送による取得も可能です (p.94 参照)。

☑ 親族のなかからマイナスの相続財産を消したいとき

　自分だけでなく、他の親族も相続放棄が必要になるケースであれば、相続人の確認作業は入念に行いましょう。

　大切なことなので繰り返しますが、家庭裁判所に提出することになる戸籍以外も取得して、入念に確認しましょう。難しいかもしれませんが、故人の出生から死亡までの戸籍は早めに入手して、しっかりと確認して欲しいところです。

　戸籍の取得方法などは、第5章でまとめて説明していきます。

第3章 そもそも誰が相続人？ ～「法定相続」について解説～ 61

		全部事項証明
本　　籍	○○県○○市○○○1丁目2番地	
氏　　名	曽続　東喜	
戸籍事項 戸籍編製	【編製日】平成○年○月○日	
戸籍に記録されている者	【名】**東喜** 【生年月日】昭和○年○月○日　　　　【配偶者区分】夫 【父】曽続太郎 【母】曽続花子 【続柄】長男	
身分事項 　出　　生	【出生日】昭和○年○月○日 【出生地】○○県○○市 【届出日】昭和○年○月○日 【届出人】父	
婚　　姻	【婚姻日】平成○年○月○日 【配偶者氏名】尼子豊姫 【従前戸籍】○○県○○市1丁目2番地　　曽続太郎	
戸籍に記録されている者	【名】**豊姫** 【生年月日】昭和○年○月○日　　　　【配偶者区分】妻 【父】尼子太郎 【母】尼子松子 【続柄】次女	
身分事項 　出　　生	【出生日】昭和○年○月○日 【出生地】○○県○○市 【届出日】昭和○年○月○日 【届出人】母	
婚　　姻	【婚姻日】平成○年○月○日 【配偶者氏名】曽続東喜 【従前戸籍】○○県○○市5丁目6番地　　尼子太郎	
		以下余白

発行番号　000-00000

　　　これは、戸籍に記録されている事項の全部を証明した書面である。

　　　　　　　平成○年○月○日
　　　　　　　　　　　　○○県○○市長　　○○○○

○○市
市長印

Point　相続人の確認作業には「戸籍」を用いる。

第4章

相続放棄を検討するための「相続財産」の調べ方

相続財産は「保管書類・郵送物」で確認するのが基本

相続放棄の概要については理解できたけど、相続放棄に踏み出すべきか迷う場面があるのではないかしら。マイナスの相続財産の方が多いとは言い切れないこともあるわよね。

確かに難しいですよね。私も事務所にお見えになった相談者の方からよく聞くのが、「相続財産の把握の難しさ」です。プラスとマイナスの両遺産をしっかりと把握できなければ、相続放棄に踏み切れませんものね。ではここから「相続財産の確認方法」について解説しましょう。

☑「遺品の整理」が遺産把握の基本

相続財産を確認するためには、まずは故人の持ち物を確認します。大事なものを保管していた場所が明らかなら、通帳などはそこに保管しているでしょう。遺品の整理を通して、相続財産を探すのです。

☑ 振込明細の束や振込カードには要注意

几帳面な人であれば、ATM で振込みをしたときに発行される「振込明細（ご利用明細）」を保管している人もいます。借金をしていた場合、一括返済ではなく毎月少しずつ返済していくのが通常ですから、返済の証拠として振込みの明細書を保管しておくことがあるのです。この明細書から、マイナスの相続財産が明らかになることがあります。

また、遺品を整理していたら、「振込カード」が見つかる場合もあります。振込カードは定期的に同じ相手に振り込む際に、毎回振込先などを入力する手間を解消するために作成するものです。つまり振込カードから、故人の借金が明らかになることがあるのです。

☑ 通帳は一行ごとに丁寧に確認

　遺品を整理していて通帳が見つかった場合は、内容を入念に確認しましょう。通帳には、相続財産を示すヒントが詰まっているためです。

　毎月（あるいは定期的な）入金が記帳されている場合は、収益不動産や貸金債権などの**プラスの相続財産**がある可能性があります。

　一方で**毎月（あるいは定期的な）出金**が記帳されているのなら、借金などの**マイナスの相続財産**が存在する可能性があるのです。

☑ 郵送書類をしっかり確認

　故人宛に届いた郵送物が見つかったら、どこから届いたものかを確認してください。株などの有価証券取引をしていた場合は、定期的に**証券会社から保有有価証券の残高を示す書類**が届くことがあります。

　また、債権者らしき人物や裁判所から届いた書類などがあれば、マイナスの相続財産がある可能性があるため、慎重な対応を心がけましょう。

☑ 相続債務のなかには、支払う必要がないものも……

　債権者は債務者の死亡を知ると、その相続人に請求してきます。相続の基本は単純承認ですから、債務があれば債務を相続するのが通常だからです。

　しかし「**古い債務**」には注意をしてください。返済期日から10年以上経っている債務であれば、「**消滅時効制度**」を利用すれば、**支払う必要がない可能性があります**（p.14参照）。

　「古い債務」の支払請求がされた場合は、**専門家への相談を検討**しましょう（「古い債務」がある場合は、p.14を必ず参照してください。）。

Point　振込明細や振込カード、通帳、郵送書類などの整理を通して相続財産を探す。

預貯金の有無は金融機関への照会が基本

「相続財産の確認方法」について続けます。相続財産といえば、銀行などの「預貯金」が思い浮かびますよね。相続人が把握していない故人の預貯金の有無や残高は、どのように調べたらよいのか、ここで説明しましょう。

☑ 取引があったかもしれない金融機関へ問い合わせ

　預貯金の有無及び残高は、各金融機関に問い合わせて確認をします。故人が利用していた可能性のある金融機関に絞って問い合わせましょう。

　絞り方は、発見した通帳や故人の生活圏などをもとに選定をします。なお、ポイントとして高齢者の方は「ゆうちょ銀行」に預金している場合が多く見受けられます。ゆうちょ銀行の預貯金の有無は、調べておくのが無難です。

☑ 預貯金の照会、残高証明書の発行に必要なもの

　通帳の記帳以外で預貯金を調べる際は、「預貯金照会」や「残高証明書の発行」という手続きが必要になるのが通常です。必要書類等は金融機関ごとに異なりますが、次のものがあれば足りることが一般的です（金融機関に向かう前に問い合わせて必要書類を確認してください。）。

1　被相続人の死亡の記載がある戸籍謄本
2　自分が相続人であることがわかる戸籍謄本
3　手続きをする相続人の印鑑証明書及び実印
4　手続きをする相続人の本人確認書類（免許証等）
5　通帳がある場合は通帳

第4章 相続放棄を検討するための「相続財産」の調べ方　67

例 ゆうちょ銀行　貯金等照会書（参考）

※相続財産の「調査」の範囲を超えて、引き出し・消費をすると法定単純承認事由に該当することがあるため注意をしてください（p.28参照）。
※上記は、ゆうちょ銀行の例となります。提出する書類はそれぞれの金融機関の指示に従ってください。

　故人が利用していた可能性のある金融機関に口座の有無を照会。

「株式」はどうやって確認する？

うちのお父さんはないと思うのだけど、最近は「株」をやっている人が多いじゃない？　株取引をしていたかどうか、していたとしたらどこの証券会社に口座を持っていたのか、知る方法はないのかしら？

株式投資のことですね。確かに最近では、株を持っている人は珍しくないですよね。株を持っていたかどうかの確認方法も説明しましょう。

☑ 上場株なら「証券保管振替機構」で確認

　「証券保管振替機構」とは、簡単にいうと、証券会社を通して購入した上場株式を保管している会社で、通称「ほふり」といわれています。証券会社に口座を開設し、その口座を使って売買した株式は、「ほふり」に預託されるのです。

　故人がどのような上場株を持っていたかを知りたい場合は、「ほふり」の開示請求手続きを通して、まずは故人が口座を開設していた証券会社を調べます。その証券会社が明らかになったら、当該証券会社に問い合わせ、残高証明書の取得をすればよいでしょう。

☑「ほふり」の開示手続き

　「ほふり」の開示手続きについては、詳細は下記のホームページをご確認ください。

株式会社証券保管振替機構
https://www.jasdec.com/system/less/certificate/kaiji/chokusetu/index.html

☑「ほふり」での開示手続きの注意点

　開示手続きは、早くとも２週間ほどの時間が必要になります。手続きは、なるべく早めにしましょう。

　さらに注意して欲しいのは、「ほふり」での開示請求結果が出て、それで終わりではない点です。**開示請求結果では、故人が口座を開いていた証券会社等が分かるだけです。**口座を開設していた証券会社が開示結果から分かれば、当該証券会社に問い合わせ、残高証明書を請求して保有株式の詳細を確認しましょう。

☑ 非上場株はどうやって調べる？

　株式といえば、すべてがすべて「上場株」とは限りません。故人が上場していない会社の株式を持っていた場合だってあります。上場していないとはいえ、これも立派なプラスの相続財産です。

　非上場株式の有無を調べるのは簡単ではありません。故人がどこかの会社の**役員**をしていたのであれば、当該会社に、株式を持っていなかったかを問い合わせるとよいでしょう。

　また、どこかの会社の「**定款**」や「**株主名簿**」などが遺品から見つかり、そこに故人の名前が載っているのであれば、やはり当該会社に問い合わせて、株を持っていなかったかどうかを確認するとよいでしょう。

故人が株を持っていたかどうかを、「ほふり」などで調べる。

不動産があるなら、法務局でいわゆる「登記簿謄本」を取得して確認

預貯金の確認は終わったわ！ 次は何を確認すればよいのかしら？ 預貯金以外の父の遺産といえば、不動産があるけど？？

相続財産のなかに不動産があれば、不動産の「登記簿謄本」を取得して内容を確認しましょう。登記簿謄本を確認すれば、不動産の所有者が誰であるか分かるだけでなく、把握していなかったお父さん所有の不動産、さらにはお父さんに借金があったかどうかまで把握できることがあるのですよ。

☑ 登記簿謄本は法務局で取得

　登記簿謄本（正確には登記事項証明書）は最寄りの法務局で取得できます。法務局は全国どこでもよく、大阪の不動産の登記簿謄本を、東京や札幌の法務局でも取得することも可能です。登記簿謄本は郵送で請求することも可能ですが、登記簿謄本の取得に慣れていない方は、法務局の窓口で係員に確認しながら取得することをおすすめします。

　発行手数料は**一通につき600円**です。取得のために持参しなければいけない書類等は特にありません。法務局にいき、備付の申請用紙（p.71参照）に土地なら「所在・地番」、建物なら「所在・家屋番号」などを記載して法務局に提出をします。

第4章 相続放棄を検討するための「相続財産」の調べ方 71

[書式例] 登記事項証明証 登記簿謄本・抄本交付申請書

法務省ホームページ「各種証明書請求手続」請求書様式1【PDF】
http://houmukyoku.moj.go.jp/homu/content/000130851.pdf

(注) 「所在・地番」、「所在・家屋番号」が分からなければ、いわゆる不動産の権利証、固定資産税の課税明細書等を見て確認するとよいでしょう。

☑ 登記簿謄本でチェックするポイント

まずは権利部の「甲区」を確認しましょう（右書式①参照）。甲区を見て、効力を有する登記記録の欄に故人（被相続人）の名前があれば、不動産は故人のものであると示しています。なお「効力を有する登記記録の欄」とは、ほとんどの場合が甲区の一番下の欄であり、一番下に記載されている所有者（共有者）が、不動産の現在の所有者（共有者）です。

次に「乙区」があれば乙区も確認しましょう（右書式②参照）。もし「抵当権（あるいは根抵当権）設定」と記載されていたら、誰かの担保権が設定されていることになります。担保権とは、金融機関等が融資をする際に、債務者が借金を返済できなくなった際に備えて設定する権利です。返済が滞った際は、金融機関は担保が設定された不動産の売却代金から優先的にお金を回収することが可能になります。このような権利が、登記されていることがあるのです。

そして担保権登記の「債務者」の欄に故人が載っていたら、故人が債務を有していたと分かります（債務はすべて完済されており、担保権登記だけが残っている場合もあります。）。

☑ 債務があっても「団信」に入っている可能性も

故人の不動産に抵当権が設定されていて、故人が債務者になっていても、それが住宅ローンなどであれば、団体信用生命保険（団信）の適用があって返済の必要がない場合もあります。この場合は焦って相続放棄をしないようにしましょう。

☑ 「共同担保目録」に知らない不動産が載っていたら……

「乙区」の下に共同担保目録（右書式③参照）という箇所があります。ここに把握していなかった不動産が記載されていたら、当該不動産は相続財産である可能性があります。当該不動産の登記簿謄本を取得し、その所有者を確認しましょう。

第 4 章 相続放棄を検討するための「相続財産」の調べ方　73

[書式例] 登記簿謄本（全部事項証明書）

表　題　部	（土地の表示）	調製	余白		不動産番号	0 0 0 0 0 0 0 0 0 0 0 0 0
地図番号	余白	筆界特定	余白			
所　在	○○区○○町○丁目				余白	
① 地　番	② 地　目	③ 地　積　㎡		原因及びその日付〔登記の日付〕		
○○番	○○	○○○ ¦ ○○		〔平成○○年○○月○○日〕		
所　有　者	○○区○○町○丁目○番○号　○　○　○　○					

①

権　利　部　（甲　区）	（所　有　権　に　関　す　る　事　項）		
順位番号	登　記　の　目　的	受付年月日・受付番号	権　利　者　そ　の　他　の　事　項
1	○○○○○	平成○○年○○月○○日 第○○○号	所有者　○○区○○町○丁目○番○号 ○　○　○　○
2	○○○○○	平成○○年○○月○○日 第○○○号	原因　平成○○年○○月○○日売買 所有者　○○区○○町○丁目○番○号 ○　○　○　○

②

権　利　部　（乙　区）	（所　有　権　以　外　の　権　利　に　関　す　る　事　項）		
順位番号	登　記　の　目　的	受付年月日・受付番号	権　利　者　そ　の　他　の　事　項
1	○○○○○	平成○○年○○月○○日 第○○○号	原因　平成○○年○○月○○日金銭消費貸借同日設定 債権額　金　　　　万円 利息　年○％（年365日日割計算） 損害金　年○％（年365日日割計算） 債務者　○○区○○町○丁目○番○号 ○○○○ 抵当権者　○○区○○町○丁目○番○号 株式会社○○○○ 　（取扱店　○○支店） 共同担保　目録（△）第△△△△号

③

共　同　担　保　目　録				
記号及び番号	（△）第△△△△号		調製	平成○年○月○日
番　号	担保の目的である権利の表示	順位番号	予　　備	
1	○○区○○町○丁目　○○○番の土地	1	余白	
2	○○区○○町○丁目　○○○番地　家屋番号 ○○○番の建物	1	余白	

Point　登記簿謄本で不動産の所有関係と債務の有無を確認する。

不動産の有無の確認は「固定資産税課税明細書」

登記簿謄本を取得して不動産の権利関係を確認するのはいいのだけど、そもそも不動産があるかどうか分からない場合はどうすればいいのかしら？ 相続人側で把握していない不動産だって当然あるわよね？

もちろんそうですよね。では、把握していなかった不動産を見つける方法も解説しましょう。ここから「不動産の見つけ方」をいくつか説明していきます。

☑ 固定資産税の課税明細書（納税通知書）の確認

　不動産の確認方法として簡単なのは、不動産の所有者のもとに届く固定資産税の課税明細書（納税通知書）を確認する方法です。故人宛の郵送物のなかから、固定資産税の課税明細書（納税通知書）が見つかったら内容を入念に確認しましょう。

　確認するべきポイントは、「不動産の表示」が記載されている箇所です。課税明細書（納税通知書）には、課税対象になっている不動産の表示が記載されていて、ここに把握していなかった不動産が記載されている場合があるのです。

　把握していなかった不動産が記載されていたら、当該不動産の登記簿謄本を取得し、不動産の権利関係を確認しましょう。当該不動産は、故人の遺産かもしれません。

書式例（参考） 課税明細書〈土地〉

資産	土　地　・　家　屋　の　所　在			現況地積・合計床面積（m²）	
	現況地目又は家屋用途		台帳地目又は家屋構造	評　価　額	円
	家屋（棟）	家屋（部）	建築年	家　屋　番　号	
土地	○○市○○町○丁目 ○○		○番○ ○○	○○○○○ ○○○○○○○	

☑ 役所によって形式は違うが、見るところは同じ

　固定資産税の課税明細書（納税通知書）の形式は、役所によって異なります。

　しかしながら、見るべき箇所は同じであり、**いずれの形式でも「不動産の表示」を探してください**。どの役所の課税明細書（納税通知書）にも、「不動産の表示」はあるはずです。

「固定資産税の課税明細書（納税通知書）」で、把握していなかった不動産があるかどうかを確認。

不動産の有無を念入りに確認したい場合は「名寄帳（なよせ）」

不動産の有無をもっとしっかり確認したい場合は、「名寄帳」を取得して確認すればよいでしょう。「名寄帳」を取得すれば、課税明細書に載っていない不動産まで見つけられることがあります！

名寄帳……。聞いたことがないわ……。

☑「名寄帳」こそ、不動産の調査に有効

　課税明細書（納税通知書）が見当たらないものの、故人が不動産を持っていたであろうと思われる場合は、「名寄帳」を取得して故人の不動産を調べるとよいでしょう。

　「名寄帳」は、「ある市（区）町村」の納税義務者ごとに所有不動産をまとめた一覧表です。故人が不動産を持っていた可能性の高い市や町が思いつくなら、その市や町の名寄帳を取得するに越したことはありません。

　また、固定資産税が非課税であれば、当該不動産は課税明細書（納税通知書）には載っていないことがあります。このような不動産であっても名寄帳に載ることがあるため、名寄帳は取得するに越したことはないのです。

第4章　相続放棄を検討するための「相続財産」の調べ方　77

書式例〈参考〉 名寄帳

			平成○○年度　土地・家屋・償却資産　名寄帳			
○○県○○市						
納税義務者（所有者）	郵便番号 000-000	住所 ○○○町		番地 ○○○○番地		方書
納税管理人（代表者）						
行政区コード		行　政　区　名		世帯コード	住所コード	
○○○○○○	○○○○			○○○○○○○○○○○	○○○○	

【土地】所在地	登記地日 課税地日	登記地積 m² 課税地積 m²	図面番号 状類（路線）番号	宅地比率	平成○年度評価額	前年度固定課標 前年度都計課標
○○○○○	畑 畑	○○○○○	○○○○		○○○○○	○○○○○
○○○○○	宅地 宅地	○○○○○	○○○○ ＊		○○○○○	○○○○○ ○○○

【家屋】所在地	家屋番号	建築年 種類	階層 構造	増改築	課税床面積1階 m² 課税床面積合計 m²	再建築費評点数
○○○○○○○	○○○○○○	○○○○ ○○○○	○○ ○○		○○○○○ ○○○○○	○○○○○○○
【以下余白】						

☑ 役所によって形式は異なる

　名寄帳は、役所によってその形式は異なりますが、見るべき箇所はいずれの役所のものでも同じです。「不動産の表示」を確認して、把握していない不動産を探しましょう。認識していなかった私道の権利などが出てくることは、さほど珍しくありません。

☑「名寄帳」の発行は市（区）町村ごと

　不動産の確認にとても便利な名寄帳ですが、問題なのは**発行が市（区）町村ごと**である点です。名寄帳の取得手続きをしたからといって、故人が所有していた「全国の」不動産が把握できるわけではないのです。

　したがって名寄帳の取得は、故人が不動産を持っていたであろう市（区）町村に絞って行います。故人が住んでいた街やゆかりのある街をいくつか選定し、それぞれの自治体に取得の請求をするとよいでしょう。名寄帳で「全国の」不動産を調べることは現実的ではないのです。

☑「名寄帳」の取得に必要なもの

　「名寄帳」を取得するためには、次の書類等が必要であることが一般的です。詳しくは名寄帳の取得先に確認してから手続きしてください。

> 1　名寄帳の発行請求書（役所に備付）
> 2　被相続人の死亡の事実がわかる戸籍謄本
> 3　発行請求者が相続人である事実がわかる戸籍謄本
> 4　発行請求者の運転免許証等の本人確認書類、印鑑
> 5　発行手数料

　郵送で名寄帳を取得する場合は、「1」は役所のホームページからプリントアウトして記入します。「2、3及び4の本人確認書類」は写しを同封し、「5」の発行手数料に相当する定額小為替を郵便局で購入して同封します。そして切手を貼りつけた返信用封筒を同封し、役所に送付します。

☑ 名寄帳の取得は役所の税務課（東京23区は都税事務所）にて

　名寄帳を発行してくれるのは役所の「税務課」などであることが一般的です。市や町によって異なりますので、役所に電話で問い合わせてみるとよいでしょう。なお、東京23区の場合は「都税事務所」で発行されますので注意をしてください。

☑ 役所によって呼び方が違う？

　名寄帳については、「固定資産課税台帳」という名称を用いてホームページなどで紹介している役所もあります。

　しかしながら、取得するときは役所の方に「名寄帳を取得したい」といえば、職員には伝わります。もし伝わらないことがあれば、「被相続人が所有していた不動産の一覧表を取得したい」と言いましょう。

　名寄帳を取得して、把握していなかった不動産を見つける。

銀行・信金・農協などからの借入を調べるなら「全銀協」

う～ん、プラスの相続財産はいいけど、やっぱり難しいのは「マイナスの相続財産」の確認だわ。お父さん、他に借金なかったかしら……。

たしかにマイナスの相続財産の確認は大変ですよね。では、ここからは故人のマイナスの相続財産の調べ方をご説明しますね。まずは銀行・信金・農協などのからの借入の調べ方についてです。

☑ 全国銀行個人信用情報センター（以下、「センター」という。）

センターに加盟している銀行等の金融機関と故人の取引なら、相続人が調べることが可能です。センターに情報開示を申し込めばよいのです。

なお、基本的な手続の手順や必要書類等はここでご紹介しますが、詳細はp.82のホームページで手順を確認してから手続きしてください。

☑ 申込みは郵送で

情報開示の申込みは次の書類を同封し、郵送で行います。

1. 登録情報開示申込書（法定相続人用）（ホームページからプリントアウト）
2. 本人開示手続き利用券
3. 運転免許証やパスポート等の本人確認書類のコピー　　1点
4. 開示対象者（被相続人）の死亡を証する資料（戸籍謄本の原本など）
5. 開示請求者が法定相続人であることを証する資料（戸籍謄本の原本）
6. 相続人が第三順位の者である場合などは相続関係説明図（p.83参照）

第4章　相続放棄を検討するための「相続財産」の調べ方　81

☑ 疑問点を解消してから送付

　開示請求する者が被相続人の父母（祖父母）、兄弟姉妹（甥・姪）の際は、必要書類の確認などをするべく送付の前に次の番号に電話をするとよいでしょう（この場合は必要書類が多くなるため、電話で必要書類等の確認をするとよい。もし書類に不備があれば、手続きに相当な時間を要することになります。）。疑問点がなくなったら、下記の送付先に書類を送りましょう。

連絡先：0120-540-558（固定電話から）
　　　　03-3214-5020（携帯電話から）
送付先：〒 100-0005　東京都千代田区丸の内 1-3-1
　　　　一般社団法人全国銀行協会　全国銀行個人信用情報センター宛

☑ 情報開示をすれば完璧！　……ではない

　実は開示の申込みをしたからといって、すべての情報が開示されるわけではありません。センターの資料には、次の注意書きがあります。

　センターの会員である金融機関から借入れをしていても、債務者死亡の事由により、金融機関によって情報が削除されることがあるため、亡くなった方の情報の開示を申し込んでも、情報が掲載されないことがございますので、ご了承ください。

（センターホームページ「本人開示の手続き」）

※あくまでセンターで確認できるのは、「データとして残っている記録」です。金融機関が死亡の事実を把握するとデータを消すことがあるため、開示手続ですべての債務が分かるわけではありません。

書式例 登録情報開示申込書（法定相続人用）

（ウェブサイト）

【 ご 記 入 例 】

一般社団法人全国銀行協会
全国銀行個人信用情報センター　御中

平成 28 年 10 月 1 日

登録情報開示申込書（法定相続人用）

センターが定める手続方法により、被相続人に関する登録情報の開示を申し込みます。
なお、開示情報の取扱いについては、一切の責任をもつことを誓約いたします。
開示報告書の送付は、次の2つの方法のうち、マークを付けた方法で送付します。
（注：マークがない場合は原則どおり、より確実にご本人にお届けする本人限定受取郵便で送付します。
この場合、受取りにあたってご本人以外は受け取れないこと、本人確認資料の提示が必要であることにご留意ください。）

	本人限定受取郵便	✔ 簡易書留	

（フリガナ）	ゼン ギン　ハナコ		続柄	長女
法定相続人氏名（自署）	全銀　花子			

法定相続人の生年月日	□西暦 □明治 □大正 ☑昭和 □平成　　35 年　1 月 25 日	性別（□男・☑女）

法定相続人現住所（報告書送付先）	〒 100 － 0005
	（住所）東京都千代田区丸の内1－3－1東銀協マンション301号
日中の連絡先	（日中にお問合せができる連絡先の電話番号）　（ 03 ）　1111－2222

以下には、被相続人の内容をご記入ください。

（フリガナ）	ゼン ギン　タロウ
開示対象者氏名（死亡された方）	全銀　太郎

生 年 月 日	□西暦 □明治 □大正 ☑昭和 □平成　　10 年　3 月 15 日

死亡時の自宅住所	〒 100 －0005 ※郵便番号を必ず記入してください。 性別（☑男・□女）
	（住所）東京都千代田区丸の内1－3－1東銀協マンション301号
	（電話番号）　　　　　　－

死亡時の勤務先名	㈱ 全銀商事

現住所以外の住所等	※1．ご記入いただいた住所で確認できた情報を開示します。
	2．ローン等の契約をしたことのある勤務先住所等も含め、現住所以外にお調べされたい住所がございましたら漏れなく記入してください。
	〒 540 －0012
	（住所）大阪府大阪市中央区谷町3－3－5
	〒 060 －0001
	（住所）北海道札幌市中央区北一条西5丁目3　北一条ビル2階

<ご了解いただきたい事項>
当センターの会員である金融機関から借入れをしていても、債務者死亡の事由により、その金融機関によって情報が削除されることがあるため、情報が掲載されないことがありますので、ご承ください。

※ご記入いただいた住所で確認できた情報を開示します。お亡くなりになられたご本人様の前住所、前々住所等のほか、ローン等の契約をしたことのある勤務先住所等も漏れなく記入してください。

一般社団法人全国銀行協会「全国銀行個人信用情報センター」

http://www.zenginkyo.or.jp/pcic/open/

（ホームページを開き、「法定相続人」の箇所をご参照ください。）

第4章 相続放棄を検討するための「相続財産」の調べ方　83

```
事　例
二人兄弟の兄（法務太郎）が死亡
兄（法務太郎）は未婚で子はいない
兄の死亡前にすでに両親ともになくなっている
```

被相続人　法務太郎　相続関係説明図（例）

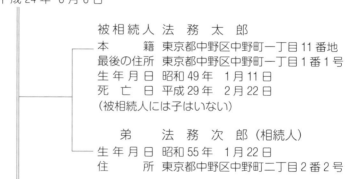

（注1）第一順位、第二順位の者が死亡しているなら、死亡年月日を記載
（注2）法律上の婚姻関係にある者同士は二重線で結ぶ

 銀行などの金融機関からの借入を調べたかったら「センター」で開示。

銀行等以外からの借入（債務）の調べ方

私がもっとも心配なのは、やっぱり消費者金融からの借金やクレジット等の残債があるかどうかだわ……。あったら金利が高いから……。

それらを調べる方法もありますよ。「JICC（株式会社日本信用情報機構）」や「CIC（株式会社シー・アイ・シー）」の情報開示制度を利用しましょう！

☑ JICCで調べられる債務はどんな債務？

　調べることができるのは、「JICCに加盟している消費者金融会社や信販会社等から登録された情報」です。詳しくは以下のホームページで手順を確認して手続きしてください。

JICCのホームページ
https://www.jicc.co.jp/kaiji/

☑ JICCでも、古い債務は調べられないことがある……

　JICCの情報開示で、相続債務たる消費者金融等からの借金のすべてが調べられるわけではありません。データが削除されているものは、開示請求しても情報が出てこないためです。

☑ 専門家への相談を検討

　消費者金融会社等との取引が長かった場合は、債務があったとしても**過払金の返還請求ができる可能性**があります。つまり借金ではなく、金銭債権というプラスの相続財産があることになります。このようなことがあるため、取引の長い債務がある場合は専門家への相談を検討するとよいでしょう（p.8参照）。

☑ CICで調べられる債務はどんな債務？

　調べることができるのは、クレジットの残債といった「CICに加盟しているクレジット会社等から登録された情報」などです。詳しくは以下のホームページで手順を必ず確認してから手続きしてください。

CICのホームページ
http://www.cic.co.jp/mydata/index.html

☑ CICで、すべての債務がわかるわけではない？

　開示の申し込みをすれば、すべての情報が開示されるわけではありません。CICの資料によると、登録元のクレジット会社によって契約者の死亡が確認された時点で該当する情報を削除するため、全てのクレジット契約が開示対象となるわけではない旨が記載されています。あくまでCICで確認できるのは、「データとして残っている記録」なのです。

> 消費者金融やクレジットの残債などを調べたい場合は、JICCやCICの情報開示制度で調べる。

注　意

1：「センター・CIC・JICC」の情報開示については、各ページのURLから各団体のホームページを確認した上で手続きしてください。

2：「センター・CIC・JICC」のそれぞれの機関に提出した書類は返却されないことがあるため、戸籍等はあらかじめ必要な通数分を取得しておくようにしましょう（戸籍の取得については第5章参照）。

3：相続財産を調査するのには、どうしても時間が必要です。調査の途中で被相続人の死亡日から3か月が経過してしまうこともあるため、時間が足りない場合は、「期間延長の申し立て」（p.128）を行うことをおすすめします。

第5章

「相続放棄」に必要な書類を集めよう

相続放棄に必要な書類まとめ

相続放棄の申述では、様々な書類を収集して家庭裁判所に提出しなければいけません。ここからは、どんな書類が必要なのか、どうすれば取得できるのかを説明しますね。

☑ 申述人が誰であっても必要になる書類

家庭裁判所の案内によると、次の書類が相続放棄では必要です。

申述人が誰であっても必要になる書類
1　被相続人の住民票の除票又は戸籍の附票
2　申述人（相続放棄する方）の戸籍謄本

　上記「1」については分かりにくいかもしれません。簡単にいうと「住民票の除票」とは、「死亡によって住民登録が抹消されたことを示す住民票」のことであり、「戸籍の附票」とは、戸籍に付随して作成される「住所の履歴が記された資料」のことです。取得の方法はp.90以降で詳しく解説します。
　上記「2」は、相続放棄をしようとする者の最新の戸籍です。なお戸籍は謄本（全部の記録があるもの）と抄本（一部の記録しかないもの）がありますが、謄本を用意しましょう。

☑ 申述人によって変わる必要書類

　家庭裁判所の案内によると、申述人によって必要になる書類が変わります。右にまとめたのは、上記に挙げた書類以外で必要になる書類です。

パターン	必要な書類
申述人が配偶者	1 被相続人の死亡の記載のある戸籍（除籍、改製原戸籍）謄本
申述人が子 （又は孫等の代襲相続人）	1 被相続人の死亡の記載のある戸籍（除籍、改製原戸籍）謄本 2 代襲相続人が申述人になるのなら、被代襲者（本来の相続人）の死亡の記載のある戸籍（除籍、改製原戸籍）謄本
申述人が直系尊属 （父母、祖父母）	1 被相続人の出生時から死亡時までの戸籍（除籍、改製原戸籍）謄本 2 被相続人に子（及びその代襲者）で死亡している者がいたのなら、その子（及びその代襲者）の出生時から死亡時までの戸籍（除籍、改製原戸籍）謄本 3 被相続人に死亡している直系尊属（相続人より下の代の直系尊属、たとえば相続人が祖父母の場合の父母）がいたのなら、その直系尊属（父母）の死亡の記載のある戸籍（除籍、改製原戸籍）謄本
申述人が兄弟姉妹 （又は甥・姪である代襲相続人）	1 被相続人の出生時から死亡時までの戸籍（除籍、改製原戸籍）謄本 2 被相続人に子（及びその代襲者）で死亡している者がいたのなら、その子（及びその代襲者）の出生時から死亡時までの戸籍（除籍、改製原戸籍）謄本 3 被相続人の直系尊属の死亡の記載のある戸籍（除籍、改製原戸籍）謄本 4 代襲相続人が申述人になるのなら、被代襲者（本来の相続人である兄弟姉妹）の死亡の記載のある戸籍（除籍、改製原戸籍）謄本

（裁判所ホームページ：「http://www.courts.go.jp/saiban/syurui_kazi/kazi_06_13/」参照）

　上記の書類については p.100 から、詳しく解説していきます。

相続放棄の申述に必要な書類を確認、収集する。

被相続人の住民票の除票又は戸籍の附票を取得しよう

ここからは、各書類についての具体的な説明をします。相続放棄をする際は「被相続人の住民票の除票又は戸籍の附票」が必要です。まずはじめに、これらはどのような書類で、どこで取得するのか解説しましょう。

☑ 住民票の除票とは、死亡により「除かれた住民票」のこと

　住民票の除票は、書いて字のごとく「除かれた住民票」のことです。住民票が除かれる原因は「転出」や「死亡」ですが、今回は相続放棄に必要な除票なので、「死亡によって除かれた住民票」を取得します。

　故人の住民票なんて発行してもらえないと思うかもしれませんが、「除票」という形で発行を受けることができます。

☑ どこで取得できる？

　住民票の除票は、住民票と同様に住所地（除票の場合は「最後の住所地」）の役所（「住民課」などの名称の部署）で取得できます。

☑ 相続人は故人の住民票を取得できるの？

　自分の住民票なら問題なく取得できますが、故人(被相続人)の除票はあくまで他人の住民票です。はたして相続人が取得できるのでしょうか？

　結論を述べると、取得できます。法律によると、**自分の住民票だけでなく、自分と同世帯の者の住民票は取得できる**と規定されています（住民基本台帳法12条）。さらに世帯が異なっていても、「国等に提出する必要があるとき、取得に正当な理由があるとき」は取得できるため、故人の除票を相続人が取得することはやはり可能です（同法12条の3）。

☑ 相続人が、故人の除票を取得する際に持参する書類

　前述の通り、同一世帯でないなら、他人の住民票の除票を取得するには正当な理由が必要です。相続人が、故人の住民票の除票を取得する際は、相続放棄の手続に必要であるという正当の理由を伝えなければなりません。

　具体的には次の書類を持参して「自分は相続人であり、相続放棄のために故人の住民票の除票を取得したい」と伝え、取得の理由を分かってもらうのです。

持参するべき資料（同一世帯の場合も持参すると良い）

1　被相続人の死亡の記載のある戸籍

2　取得しようとする者が、相続人であることを証する戸籍（※）

3　役所に出向く者の運転免許証等の本人確認書類、認印

（※）たとえば、相続人が子である場合は子の最新の戸籍（子の戸籍の「続柄」欄に、被相続人の名前が記載されているため、子が相続人であることが分かる。）。相続人が直系尊属である場合は、被相続人の出生から死亡までの戸籍と、相続人自身の最新戸籍（被相続人に子がいた場合は子の死亡の戸籍も必要。）。

☑ 住民票の除票は、本籍地入り

　住民票を取得するときは、可能であれば住民票に本籍地を入れてもらうようにしましょう。本籍地が戸籍を取得する際のヒントになるためです。

☑ 取得請求先の役所が遠方なら「郵送請求」

取得請求先の役所が遠方で出向くことが難しければ、郵送で取得しましょう。郵送取得の際は、以下のものを同封して役所に送ります。

> 1　取得請求用紙（各役所のホームページからプリントアウトできます。）
> 2　定額小為替（郵便局で購入できる定額小為替を現金代わりに同封。）
> 3　被相続人と別世帯の者が取得するなら、被相続人の死亡の事実を証する戸籍のコピー（同一世帯の者が取得する場合も同封すべき）
> 4　被相続人と別世帯の者が取得するなら、取得しようとする者が、相続人であることを証する戸籍（同一世帯の者が取得する場合も同封すべき）
> 5　取得者の本人確認書類（免許証等）のコピー
> 6　取得者の住所を記載した返信用封筒（切手を貼って同封。）

上記のものを送る前に役所に連絡し、「住民票の除票を郵送で取得したいが、役所の何課に郵送すれば取得できますか？　同封が必要な書類は何ですか？」と、念のため確認してから送るのがよいでしょう。

☑ 郵送請求のときの「定額小為替」とは

「定額小為替」とは、現金の代わりに同封するものです。普通郵便で現金を送ることはできませんから、代わりに取得手数料に相当する定額小為替を送ります。

「定額小為替」は郵便局で購入できます。除票を取得するために必要な定額小為替を郵便局で購入し、同封して送るようにしましょう（なお、定額小為替を多めに同封しても、お釣り分の定額小為替は、役所から送付される返信用封筒に同封して返してもらえるのが一般的です。ただしお釣りのでないようにするに越したことはありません。住民票の取得手数料は1通につき300円程度が一般的ですが、詳しくは役所に問い合わせるとよいでしょう。）。

第 5 章 「相続放棄」に必要な書類を集めよう　93

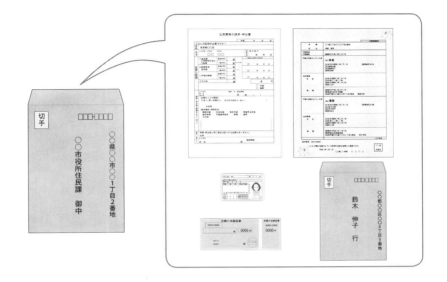

☑ 住民票の除票よりも「戸籍の附票」がおすすめ

　住民票の除票を取得する代わりに、戸籍の附票でも足ります。

　「戸籍の附票」とは住民票と異なり、**本籍地で作成される「住所」が記載された資料**です。戸籍とセットで作成されるため、戸籍の「附票」といいます。戸籍には住所が記録されませんが、本籍地の役所でも在籍者の住所を把握できるように、戸籍の附票が作成されているのです。

　取得の場所は、被相続人の死亡時の本籍のあった役所です。担当部署は「戸籍係」等の名称の部署で、取得の仕方は戸籍の取得と同様です。詳しくは p.94 から p.95 までを参考にして、取得をしてください。

　なお、住民票の除票よりも、戸籍の附票を取得することをおすすめします。理由は、**戸籍の附票であれば、いずれにしても取得することになる被相続人の死亡時の戸籍と同じ役所で、同時に取得できる**からです。

　戸籍の附票を取得する際は「本籍地・筆頭者名」のあるものを取得するとよいでしょう。

　被相続人の住民票の除票又は戸籍の附票を取得する。

相続放棄に必要な戸籍の取得の仕方

相続放棄の申述には、様々な戸籍が必要になります。どの場面でどんな戸籍が必要になるかを詳しく解説する前に、戸籍の取得の仕方を確認しましょう。なお、戸籍の附票の取得も、戸籍と同様の方法です。

住民票ならまだしも、「戸籍」は取得する機会はほとんどないから、取得の仕方を教えてくれるなら参考にしたいわ。戸籍の附票も同時に取った方がいいわね。

☑ まずは「戸籍の種類」を確認

「戸籍」と一口に言っても、種類がいくつかあります。戸籍、改製原戸籍、除籍……。

改製原戸籍と除籍とは、分かりやすくいうと「昔の戸籍」のことです。法律が改正されたり本籍を移動したなどの事情で作り直される前の戸籍のことだと思ってください。

☑ 戸籍の取得は本籍地の役所

戸籍は「本籍地」の役所で取得します。だいたいの役所には**「戸籍係」**や**「戸籍住民課」**のような名称の部署があり、その窓口に出向けば取得ができます。持参するべきものは、次頁にある「4、5、6」の書類及び認印です（4は必ず原本を持参）。

第 5 章 「相続放棄」に必要な書類を集めよう　95

☑ 郵送取得で必要なもの

　役所に出向くことができないときは、戸籍は郵送で取得することも可能です。

　戸籍を郵送で取得するためには、次の書類を同封して本籍地の役所の担当部署に送ります。

　1　取得請求用紙（各役所のホームページからプリントアウトできます）
　2　定額小為替（郵便局で購入できる定額小為替を現金代わりに同封）
　3　取得者の住所を記載した返信用封筒（切手を貼って同封）
　4　取得者の運転免許証等の本人確認書類のコピー
　（5　取得請求できることを示す戸籍のコピー）
　（6　今回の取得請求にいたったことを示す戸籍のコピー）

☑ 戸籍は誰でも取得できるわけではない～戸籍の取得請求権者とは～

　上記「5」は注意が必要です。

　自分自身が載っている戸籍を取得する場面なら問題なく取得できますが、**自分が載っていない戸籍を取得するときは「5」の戸籍のコピーを同封しましょう。**たとえば被相続人の兄弟姉妹が申述人になる場合に、当該兄弟姉妹が、被相続人の子の死亡時の戸籍を取得する場面です。

　そもそも法律によると、原則として**戸籍は自己又は配偶者、自己の直系血族の戸籍なら取得できる**ことになっています（戸籍法 10 条）。また、**「国に提出する必要がある場合」**であれば、それ以外の者でも戸籍を取得することが可能です（戸籍法 10 条の 2）。

　したがって、自分が載っていない戸籍を取得するなら、自分が直系血族であることを示す戸籍や、自分が相続人であることを証明する戸籍などのコピーを同封しましょう。郵送で請求する際は、p.144 の参考書式に載せた送付状を元に作成し、同封して送るとよいでしょう。

☑「出生から死亡までの戸籍」はさかのぼって取得するのは大変

前頁「6」についても解説しましょう。

出生から死亡までの戸籍を取得するとき、一回の請求でそれらが揃うことは非常にまれで、ほとんどの場合で、複数の戸籍が必要になります。

なぜなら、結婚や転籍といった事情で、戸籍を保管する役所が変わることがあるためです。そのため「35歳から死亡時までの戸籍は東京の文京区役所で取得、出生から35歳までの戸籍は北海道札幌市で取得」というように複数の役所で取得するケースも珍しくありません。

取得の際は、まず死亡時の戸籍を取得して、さかのぼるように追いかけていきましょう。死亡時の戸籍を取得するとその前の戸籍がどこの役所で保管されているかが分かり、その前を取得すれば、前の前の戸籍がどこで保管されているかが分かるようになります。

役所に出向くときは参考までに、さかのぼる前の戸籍を持参して役所の職員に見せたら取得がしやすくなります。郵送で取得するときは、さかのぼる前の戸籍（6の戸籍）をコピーして、参考資料2（p.146）を元に作成した送付状を同封すれば役所の人も間違いなく発行してくれます。

☑ 戸籍の取得費用はいくら？

戸籍の取得に必要な費用分の定額小為替を購入し、同封して送ります。戸籍の取得費用は、一般的に、現在の戸籍なら一通450円、改製原戸籍や除籍といった昔の戸籍なら一通750円です。

「出生から死亡までの戸籍」を郵送で取得する場合は、「出生から死亡までの戸籍で、貴庁にある戸籍を各1通ください」と伝えて取得すればよいのですが、合計で何通になるかわかりません。そんなときは多めに定額小為替を同封すれば、お釣り分は返却してくれるのが通常です。

必要な戸籍を、役所に直接出向くか郵送にて収集する。

第 5 章 「相続放棄」に必要な書類を集めよう　97

注　　意

　ここからは、相続放棄に必要になる「戸籍」を詳しく解説します。

　注意して欲しいのは、戸籍が揃ったと思っても抜けていることが多く、家庭裁判所から「○○の戸籍を追加で提出して欲しい」と言われることがある点です。そのように言われたら早急に対応しましょう。

　また、先順位の相続人の全員（たとえば被相続人の子全員）が相続放棄をして相続人になった者（たとえば父母）が、相続放棄をする場面があります。このとき先順位の者（子）が相続放棄の申述をした際に提出した戸籍類は提出不要になるのが一般的ですが、申述書を提出する前に、必要書類を家庭裁判所に問い合わせて確認するとよいでしょう。

戸籍で何を証明するの？
必要になる戸籍は？

ここからは、p.88でも触れた「戸籍」について改めて説明をします。相続放棄では、様々な戸籍を収集しなければいけません。申述人によって必要な戸籍が異なるため、戸籍の収集は意外と大変ですよ。

☑ 戸籍で「何を確認するのか」を理解すると、必要な戸籍が分かる

戸籍が必要な理由は以下の2点を家庭裁判所に伝えるためです。

1 被相続人が死亡している事実
2 相続放棄の申述人が相続人である事実
(「相続放棄をすることができるのは相続人」であるため)

逆に言えば、「上記2点が分かる戸籍を収集すればよい」ということです。この視点を忘れないでください。

そもそも誰が相続人なのか、第3章で紹介した図表は次の通りでした。

被相続人の親族状況	配偶者	子（孫）	直系尊属	兄弟姉妹（甥姪）
ケース1 子がいる	○（注）	○		
ケース2 子がいない	○（注）		○	
ケース3 子と直系尊属がいない	○（注）			○
ケース4 血族相続人がいない	○			

○…相続人になる
(注) 配偶者が被相続人死亡時に存在しなくなっていた場合は、「子・直系尊属・兄弟姉妹」である血族相続人だけが相続人になる。

第5章 「相続放棄」に必要な書類を集めよう 99

☑ 難しいのは「ケース2、3」

戸籍の収集で難しいのが、第二順位の相続人（直系尊属）・第三順位の相続人（兄弟姉妹）が放棄をする場面、つまり「ケース2、3」です。

難しい理由は、第二・第三順位の者が相続人である旨を証明するためには、「申述人より先順位の相続人はいない旨」をも証明する必要があり、収集しなければいけない戸籍が増えるためです。たとえば第二順位の直系尊属が申述人になる場合、「第一順位の相続人である子が既に死亡している旨」であるとか、「第一順位の相続人である子はもともと存在していない旨」を確認できる戸籍が必要になるのです。

☑ 「ケース1、3」で、代襲相続人が申述人になるなら

代襲相続とは、本来相続人になるはずであった者（たとえば子）の代わりに、他の者（孫）が相続人になる制度です（詳しくは p.52 参照）。

申述人が代襲相続人だったら、**本来相続人になるはずであった者（被代襲者）の死亡を証する戸籍も必要**です。代襲原因があることを示さなければ、代襲相続人が相続放棄をするための立場（つまり相続人としての立場）を有することを示せないからです。

たとえばケース1の場面で、本来は子が親を相続するはずだったところ、孫が本来の相続人である子を代襲して相続するとしましょう。

このとき被相続人の死亡の戸籍だけでなく、子が被相続人よりも前に死亡しているのなら、その旨を証する戸籍も取得することになるのです。

☑ 申述人ごとに必要になる戸籍を確認

では次頁から、申述人ごとに必要になる「戸籍」を詳しく確認していきます。「①被相続人が死亡している事実、②相続放棄の申述人が相続人である事実」を戸籍で確認することを意識して読んでください。

Point ケースによって必要な戸籍が異なる。

申述人が配偶者である場合に必要になる戸籍

下図にあるように、被相続人に配偶者がいれば、配偶者が相続放棄の申述人になる場面があります。このときはどのような戸籍が必要になるのでしょうか。これは簡単な場面ですが、しっかり確認しましょう。ここからp.107まで、p.88とp.89で説明した必要になる戸籍を、場面ごとに整理し直して説明をします。

☑ 相続人である配偶者が申述人になるときが、もっとも簡単

たとえばAが死亡し、相続人である配偶者Bが相続放棄の申述をする場面を思い浮かべてください。

必要になる戸籍は、以下の戸籍です。

被相続人

> 1　被相続人Aの死亡の記載のある戸籍（除籍、改製原戸籍）謄本
> （2　申述人たる配偶者Bの最新の戸籍も必要だが、それは上記1の戸籍に含まれる）

　相続人である配偶者が申述人になるときが、もっとも簡単です。なぜなら、ほとんどの場合は、上記「1」の戸籍を取得したら、それが上記「2」の戸籍も兼ねて、1通の戸籍のみで収集が終わってしまうのが通常だからです（現在の戸籍法によると、配偶者同士は同じ戸籍に入っています。）。

　上記の事例でBが相続放棄をするとします。このとき夫Aの死亡時の戸籍を取得したら、それは妻Bの最新戸籍の取得にもなり、上記「1」と「2」の戸籍は、一通の取得で足りるのが一般的なのです。

☑ 取得する戸籍は必ず謄本（全部事項証明）

　配偶者が相続放棄をする際は、「自分自身の戸籍」を取得すると、それは故人の死亡時の戸籍にもなるのが通常です。

　注意して欲しい点は、**取得の際に「謄本（全部事項証明）」を取得する**ということです。戸籍には謄本（全部事項証明）と抄本（一部事項証明）があり、相続人たる配偶者が抄本（一部事項証明）を取得すると、自分自身の記録しか載らないことになります。しかしながら相続放棄の申述では故人の死亡の記録のある戸籍も必要になるため、「謄本（全部事項証明）」を取得するようにしましょう。

申述人が配偶者なら、被相続人の死亡時の戸籍謄本を取得する。

申述人が子・孫のときに必要になる戸籍

次は血族相続人のうち、第一順位の者（子）が申述人になる場面で必要な戸籍を説明しましょう。また、その「子」に代わって孫が代襲する場面も併せて解説していきますね。p.98のケース１の場面です。

代襲と聞いただけで難しく感じるけど、説明お願いします！

☑ いかなる場面も必要なのは「被相続人の死亡時の戸籍」と「申述人の戸籍」

たとえばＡが死亡し、相続人であるＡの子Ｃが相続放棄の申述をする場面を思い浮かべてください。親が死亡して、その子が相続放棄をする場面です。このパターンであればさほど難しくないでしょう。

Ａの子ＣがＡの相続を放棄するときに必要になるのは、下記の戸籍です。

被相続人

> 1 被相続人Ａの死亡の記載のある戸籍（除籍、改製原戸籍）謄本
> 2 申述人Ｃの最新の戸籍謄本（上記１の戸籍に含まれることもある）

なお、２の戸籍は、Ｃが未婚であるのなら、１の戸籍に含まれます。親と未婚の子が同じ戸籍に載るのが現在の戸籍法の扱いだからです。

☑ 申述人が代襲相続人（孫）だったら追加で必要になる戸籍 難しい

　申述人が孫やひ孫といった代襲相続人の場合は、相続放棄をするためには下記の戸籍も必要です。

> 3　被代襲者（本来の相続人Ｃ）の死亡の記載のある戸籍（除籍、改製原戸籍）謄本

　裁判所は、上記「3」の戸籍を見て代襲相続の事実を確認します。被相続人の孫が代襲相続人になる場合は、被相続人の子の死亡時の戸籍を取得して、子が被相続人より先に死亡していることを確認するのです。

（注）本来相続人になるはずだった者に「欠格事由」がある場合や、その者が「廃除」された場合に該当して代襲相続になるケースはまれであるため、本書では触れません。もし該当するような場合は専門家に相談しましょう。

被相続人の死亡時の戸籍、申述人の最新戸籍を取得。
代襲相続なら、被代襲者（本来の相続人）の死亡時の戸籍も取得。

申述人が父母・祖父母のときに必要になる戸籍

さて次は、血族相続人のうち、第二順位の者（直系尊属）が申述人になる場面で必要になる戸籍を確認しましょう。p.98の表のケース2の場面です。直系尊属とは、被相続人の父母や祖父母のこと。必要な戸籍はたくさんありますよ！

☑ 被相続人の戸籍は「死亡時の戸籍」だけでは足りない

たとえばAが死亡したとして、Aの直系尊属（親や祖父母であるD）が相続放棄の申述をする場面を思い浮かべてください。

直系尊属が申述人になる場合も、申述人の「最新の戸籍」を取得する点は、子が申述人になる場面と同じです。難しいのは被相続人の戸籍です。下記「1」にあるように、死亡時の戸籍だけでは足りません。

被相続人

1　被相続人Aの<u>出生時から死亡時までの戸籍</u>（除籍、改製原戸籍）謄本
2　申述人たる父母・祖父母Dの最新の戸籍謄本

死亡時だけでなく、故人の出生時から死亡時までの「すべての戸籍」を集めます。もし故人に子がいたら、直系尊属ではなく子が相続人になるため、子の有無を確認するために出生から死亡までのすべての戸籍が必要となるのです。

☑ 故人に子（及びその代襲者）がいたら……

　故人の出生から死亡までの戸籍を確認していると、第一順位の相続人の存在が明らかになることがあります。この場合は、父母・祖父母は相続人にならないのは既に述べたとおりです。

　一方で、戸籍を確認していて子（及びその代襲者）の存在が確認できたものの、その子（及びその代襲者）が、被相続人よりも前に死亡している場合は、直系尊属が相続人になるため、次の戸籍を取得しましょう。

> 3　被相続人Ａの子（及びその代襲者）の出生時から死亡時までの戸籍（除籍、改製原戸籍）謄本

☑ 祖父母が相続人になるケース

　珍しいケースですが、祖父母が相続人になる場面もあります。このときは故人に子がおらず、近い立場の直系尊属（本来なら相続人になるはずであった直系尊属たる父母）がいないため祖父母が相続人になるのです。これらの事実を戸籍で確認するために、次の戸籍を取得します。

> 4　被相続人Ａに死亡している直系尊属（相続人より下の代の直系尊属、たとえば相続人が祖父母の場合の父母）がいたのなら、その直系尊属（父母）の死亡の記載のある戸籍（除籍、改製原戸籍）謄本

> 申述人が直系尊属なら、被相続人の出生時から死亡時までの戸籍を取得。
> 申述人の最新戸籍を取得。
> （被相続人に子・孫がいたら、その者の出生から死亡までの戸籍を取得）
> （本来相続人になるはずだった直系尊属の死亡時の戸籍も取得）

申述人が兄弟姉妹・甥姪のときに必要になる戸籍

血族相続人のうち、第三順位の相続人である兄弟姉妹（代襲なら甥・姪）が申述人になる場面で必要になる戸籍を説明しましょう。p.98のケース３です。ここはもっとも難しいパターンなので要注意です。

☑ 被相続人の戸籍は「死亡時の戸籍」だけでは足りない

たとえばＡが死亡し、相続人たる兄弟姉妹であるＥが相続放棄の申述をする場面を思い浮かべてください。

申述人の「最新の戸籍」を取得するのは他の場面と同じです。大変なのは、やはり被相続人の戸籍で、ここも死亡時の戸籍だけでは足りないのです。

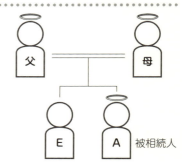

1　被相続人Ａの出生時から死亡時までの戸籍（除籍、改製原戸籍）謄本
2　申述人たる兄弟姉妹Ｅ・Ｅの子（Ａの甥姪）の最新の戸籍謄本

故人の出生時から死亡時までのすべての戸籍を集める理由は、第一順位の相続人である子の存在を確認するためです（もし故人に子がいたら、兄弟姉妹ではなく子が相続人になります。）。

また、兄弟姉妹が相続人になる場面では次の戸籍も必要です。

3　直系尊属の死亡の記載のある戸籍（除籍、改製原戸籍）謄本

　兄弟姉妹が申述人になるのなら、第一順位だけでなく、第二順位の相続人（直系尊属）も存在しないことを証明しなければいけません。上記「3」の戸籍を用意し、第二順位がいないことを確かめるのです。

☑ 故人に子（及びその代襲者）がいたら……

　戸籍を確認していて被相続人の子（及びその代襲者）が確認できたものの、その子（及びその代襲者）が、被相続人よりも前に死亡している場合は、兄弟姉妹が相続人になります。このときは次の戸籍を取得しましょう（相続開始の時に直系尊属もいないことが前提です。）。

4　被相続人Ａの子（及びその代襲者）の出生時から死亡時までの戸籍（除籍、改製原戸籍）謄本

☑ 申述人が代襲相続人(甥・姪)だったら追加で必要になる戸籍

　申述人が甥や姪といった代襲相続人の場合は、下記の戸籍も必要です。

5　被代襲者（本来の相続人である兄弟姉妹Ｅ）の死亡の記載のある戸籍（除籍、改製原戸籍）謄本

> 申述人が兄弟姉妹なら、被相続人の出生時から死亡時までの戸籍を取得。
> 申述人の最新戸籍を取得、直系尊属の死亡時の戸籍を取得。
> （被相続人に子・孫がいたら、その者の出生から死亡までの戸籍を取得）
> （代襲の場面なら、本来の相続人である兄弟姉妹の死亡時の戸籍も取得）

第6章

相続放棄申述書を作成して裁判所へ提出しよう

相続放棄申述書の書き方

必要書類が揃ったわ！ 戸籍の取得がやっぱり一番大変だったわ。次は、これらの書類を持って家庭裁判所に行けばいいのね！?

ちょっと待ってください。「相続放棄申述書」を作成して、それも家庭裁判所に提出しなければいけませんよ。p.112 からの記載例を見ながら、裁判所のホームページにあるフォーマットをダウンロードするか裁判所から直接入手して作成してください。まずは p.112 からの記入例に沿って、作成時の注意点をまとめますね。

☑ 正確に書くことを心がける

　相続放棄申述書は、一字一句、正確に記入することを心がけましょう。住所や本籍は、住民票や戸籍といった公文書を見ながら、まったく同じように記載しましょう。

☑ 申述人が「未成年者・成年被後見人」などのときは……

　申述人が未成年者または認知症等の事情で成年被後見人である場合に、相続放棄申述書の「法定代理人等」の欄を記入します。この欄は、親権者や成年後見人が本人に代わって手続きをする場面で記載します。

第6章 相続放棄申述書を作成して裁判所へ提出しよう 111

☑「相続の開始を知った日」は要注意 [難しい] ■重 要

　相続放棄申述書の2枚目（p.113、115）で、「相続の開始を知った日」という記載箇所があります。

　もっとも分かりやすいのは、「被相続人の死亡日」に相続の開始を知り、同時に遺産の規模・自分が相続人になった事実を認識するケースです。この場面は単純に「相続の開始を知った日」には、被相続人の死亡日を記入すればよいのです。

　注意が必要なのは、死亡日以外の日を「相続の開始を知った日」に記入する場面です。

　そもそも相続放棄の申述は、自己のために相続の開始があったことを知った時から3か月以内にしなければいけません（p.4参照）。

　そして自己のために相続の開始があったことを知った時が、死亡日よりも後である場合があります。被相続人の死亡日から3か月を経過しても相続放棄が認められることがあるのはこのためで、「2、死亡の通知を受けた日」や「3、先順位者の相続放棄を知った日」にマルをつけるのはこのときです。

　すでに死亡日から3か月経過している場合は特に、「相続の開始を知った日」をしっかりと記載し、「死亡日から3か月経過しているけれども、相続の開始を知った時からは3か月経過していない」旨を伝えましょう。

　繰り返しになりますが、死亡日から3か月が経過している場合は、専門家への相談を検討してください。

☑ 郵便切手を購入して相続放棄申述書と共に提出

　裁判所との連絡用に郵便切手を用意して、相続放棄申述書と共に提出をします。必要になる郵便切手は場面によって異なりますので、提出先の家庭裁判所に問い合わせて確認してください（多くの場合は申述人一人につき82円切手が3〜5枚、10円切手が3枚〜5枚程度です。）。

112

書式例 相続放棄申述書【申述人が成人の場合】

相 続 放 棄 申 述 書

受付印

（この欄に収入印紙800円分を貼ってください。）

印紙

800円の印紙を貼る

収入印紙　　　　円
予納郵便切手　　　円

（貼った印紙に押印しないでください。）

準口頭　　関連事件番号　平成　　年（家　）第　　　　　　　号

○○ 家庭裁判所 御中 平成○年○月○日	申述人〔未成年者などの場合は法定代理人〕の記名押印	甲野　太郎 ㊞

添付書類　（同じ書類は1通で足ります。審理のために必要な場合は、追加書類の提出をお願いすることがあります。）
☑戸籍（除籍・改製原戸籍）謄本（全部事項証明書）　合計 **2** 通
☑被相続人の住民票除票又は戸籍附票
□

申述人	本籍（国籍）	○○ 都道府県 ○○市○○町○番地	
	住所	〒○○○-○○○○　　電話　○○（○○○○）○○○○ ○○県○○市○○町○丁目○番○号　　（　　　　方）	
	フリガナ 氏名	コウノ　タロウ 甲野　太郎	大正昭和平成 ○年○月○日生（　　○○歳）　職業　○○
	被相続人との関係	※ 被相続人の……　① 子　2 孫　3 配偶者　4 直系尊属（父母・祖父母） 5 兄弟姉妹　6 おいめい　7 その他（　　　）	
法定代理人等	※ 1 親権者 2 後見人 3	住所 〒　-　　電話（　　　）（　　　方）	
		フリガナ 氏名	フリガナ 氏名
被相続人	本籍（国籍）	○○ 都道府県 ○○市○○町○番地	
	最後の住所	○○県○○市○○町○丁目○番○号	死亡当時の職業　○○
	フリガナ 氏名	コウノ　ダイスケ 甲野　大介	平成○年○月○日死亡

（注）　太枠の中だけ記入してください。※の部分は、当てはまる番号を○で囲み、被相続人との関係欄の7、法定代理人等欄の3を選んだ場合には、具体的に記入してください。

相続放棄（1/2）

（942080）

（参考：裁判所ホームページ「相続放棄申述書」（https://www.courts.go.jp/saiban/syosiki/syosiki_kazisinpan/syosiki_01_13/index.html）を加工して作成）

(注) 800円分の印紙を郵便局で購入して貼り付けます。収入印紙には、押印してはいけません。
(注) 複数の相続人が同時に相続放棄の申述をする場合、一人につき一通の申述書を用意しましょう。
(注) 申述書に記入出来たら、2枚がばらばらであれば左側をホッチキスでとめましょう。2枚分で一通です。
(注) 第一順位の者全員が相続放棄をすると第二順位の者が相続人になります。これらの者も相続放棄する場合は「相続の開始を知った日」は「3」にまるをつけます（p.58、p.139参照）。

114

書式例 相続放棄申述書【申述人が未成年者の場合】

受付印		**相 続 放 棄 申 述 書**
		（この欄に収入印紙800円分を貼ってください。）

印紙 → **800円の印紙を貼る**

収入印紙　　　　円
予納郵便切手　　　円

（貼った印紙に押印しないでください。）

準口頭	関連事件番号　平成　　年（家　　）第　　　　　号

○○ 家庭裁判所 御中　平成 ○年 ○月 ○日	申述人 [未成年者などの場合は法定代理人] の記名押印	甲野春子の法定代理人　甲野　一　㊞

添付書類
（同じ書類は1通で足ります。審理のために必要な場合は、追加書類の提出をお願いすることがあります。）
☑ 戸籍（除籍・改製原戸籍）謄本（全部事項証明書）　合計 2 通
☑ 被相続人の住民票除票又は戸籍附票
☐

申述人

本籍（国籍）	○○ 都道府県 ○○市○○町○番地
住所	〒○○○-○○○○　　　電話 ○○（○○○○）○○○○　○○県○○市○○町○丁目○番○号　（　　　方）
フリガナ 氏名	コウノ ハルコ　甲野 春子　大正昭和平成 ○年○月○日生（○○歳）　職業 小学生
被相続人との関係	※ 被相続人の……① 子　2 孫　3 配偶者　4 直系尊属（父母・祖父母）　5 兄弟姉妹　6 おいめい　7 その他（　　　）

法定代理人等

※① 親権者 2 後見人 3	住所 〒○○○-○○○○　　　電話 ○○（○○○○）○○○○　申述人の住所に同じ　（　　　方）
	フリガナ 氏名 コウノ カズコ　甲野 和子　フリガナ 氏名

被相続人

本籍（国籍）	都道府県 申述人の本籍に同じ
最後の住所	申述人の住所に同じ　死亡当時の職業 会社員
フリガナ 氏名	コウノ ダイスケ　甲野 大介　平成 ○年 ○月 ○日死亡

（注）太枠の中だけ記入してください。　※の部分は、当てはまる番号を○で囲み、被相続人との関係欄の7、法定代理人等欄の3を選んだ場合には、具体的に記入してください。

相続放棄（1/2）

（942080）

第6章　相続放棄申述書を作成して裁判所へ提出しよう　115

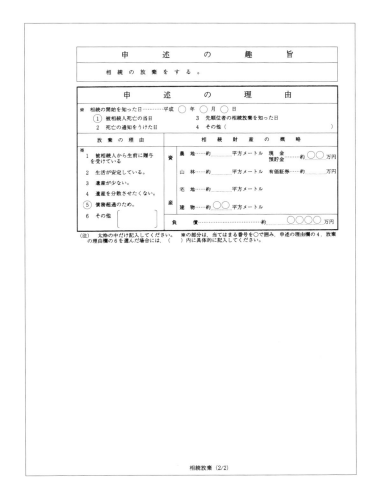

（参考：裁判所ホームページ「相続放棄申述書」（https://www.courts.go.jp/saiban/syosiki/syosiki_kazisinpan/syosiki_01_13_02/index.html）を加工して作成）

（注）申述人が未成年者（子）であれば、「利益相反」になる場面があります。子が相続放棄をすることで、子の不利益によって親権者が利益を受ける場面があるためです。p.12を参照の上、必要であれば専門家への相談を検討するとよいでしょう。

　記載例を確認しながら、相続放棄申述書を作成する。

被相続人の死亡日から3か月経過していたら「上申書」（専門家への相談を検討するべきケース）

相続放棄の申述は、やっぱり「3か月以内」にしなければいけないのが大変ね。でも死亡日から3か月が経過していても、相続放棄できるケースはあるわけね。このとき、手続きは何か複雑になるのかしら？

死亡日から3か月経過しているのなら、家庭裁判所に「死亡日からは3か月経過しているが、自己のために相続の開始があったことを知った時からは3か月経過していない」旨を伝える努力が必要です。これを伝えるために、死亡日から3か月が経ってしまった場合は「上申書（事情説明書）」を用意するのが賢明です。なお、次頁の「上申書」は一例であり、内容が伝わるように、場面に応じて詳細に作成しなければいけません（注：死亡日から3か月が経過しているなら、専門家への相談を検討しましょう。）。

☑「上申書（事情説明書）」で家庭裁判所に伝える事柄

　死亡日から3か月経過したものの、自己のために相続の開始があったことを知った時から3か月経過していない旨を伝えます。

☑ なぜ専門家への相談が最良なのか……

　死亡日から3か月経過後の相続放棄については、通常よりも認められない可能性が高くなります。

　さらに認められなかった場合に異議を述べる場合は、「即時抗告」という特別な方法で主張をしなければならず、それには期間が限られています。そのため、専門家に相談することが最良です。

第6章 相続放棄申述書を作成して裁判所へ提出しよう　117

書式例　上申書（事情説明書）

上　申　書（事情説明書）

住所
氏名　　　　　　　　　㊞

　被相続人　○○○○　の相続にかかる相続放棄の申述につきまして、相続人である私の「自己のために相続の開始があったことを知った時」について、以下においてその事情を説明いたします。

1　平成○○年○○月○○日に私の父○○が死亡いたしました。
2　○○の子である私は相続人ですが、昭和○○年に父○○は母以外の女性と家を出ておよそ30年間、私は父と絶縁状態でございました。
3　私が父○○の死亡の事実を知ったのは、父○○の死亡から1年以上経過した平成○○年○○月○○日に、父○○の債権者である○○からその知らせを受けたときでした。
4　そしてその日に、私は父○○の死亡の事実だけでなく、私が相続人になったという事実、さらに父には生前に金○○万円もの債務があり、私がその債務の相続人になっている事実を初めて認識いたしました。
5　したがって、「自己のために相続の開始があったことを知った時」は、上記「3」の平成○○年○○月○○日です。平成○○年○○月○○日から未だ3か月は経過していないため、相続放棄の申述をいたします。

以　上

（注）上記はあくまで一例です。家庭裁判所はそれぞれの事情に基づいて判断をするため、似た事例であっても、上記の上申書で受理されるとは限りません。それぞれの事情に合わせて上申書を作成する必要があります。
（注）故人の債権者から通知を受けて相続債務を知った場合は、その通知書の写しも家庭裁判所に提出するとよいでしょう。

「3か月経過後」の相続放棄は専門家への相談を検討する。

可能であれば「原本還付」を検討

相続放棄の申述書が作成できたら、次は提出の準備をします。提出は「原本提出」が原則ですが、裁判所によっては戸籍等の書類は「原本還付」ができるかもしれません。ここで「原本還付」についてまとめますね。

☑「原本還付」ができるかも

　相続放棄申述書は自分で作成する資料であるため原本提出でよいのですが、収集した書類（戸籍、戸籍の附票、住民票除票等）は、取得するのに一通当たり数百円必要であり、さらにそれらは他の手続に使うこともあるため、原本を提出したくないと思うことがあるでしょう。

　そんなときは、「原本還付」の手続きをすれば、収集した書類の原本は返してくれることがあります。「原本還付」とは、原本を返してもらうことです。相続放棄の申述では原本提出が原則ですが、**収集した書類の原本のコピーを原本とあわせて提出することで、後から原本を返してもらえる場合があるのです。**

☑「原本還付」は常にできるわけではない

　原本還付してもらえるかどうかは、提出する裁判所によって異なります。提出前に管轄の裁判所に問い合わせ、原本還付してもらえるようなら次頁にある「原本還付申請書」などを用意し、原本のコピーを原本と共に提出しましょう（原本還付申請書の形式は、裁判所によって異なることがあります）。

（注）すべての裁判所が原本還付に対応してくれるわけではありません。

第6章 相続放棄申述書を作成して裁判所へ提出しよう 119

書式例(見本) 原本還付申請書

原 本 還 付 申 請 書

○○家庭裁判所　御中

　　　　　　　　　　　　　　　　　　　　　　　　年　　月　　日

　　　　　　申請人（住　所）
　　　　　　　　　　　　　（氏　名）　　　　　　　　　㊞

　　年　　月　　日付の相続放棄の申述について、申述書に添付した下記書類の原本を還付してください。

（戸籍・除籍・原戸籍）謄本・全部事項証明書（　　　　分）　　通
（戸籍・除籍・原戸籍）謄本・全部事項証明書（　　　　分）　　通
（戸籍・除籍・原戸籍）謄本・全部事項証明書（　　　　分）　　通
（戸籍・除籍・原戸籍）謄本・全部事項証明書（　　　　分）　　通
　住民票・戸籍の附票　　　　　　　（　　　　分）　　通
　その他の書類（　　　　　　　　　　　　　）　　通

受　領　書

上記書類を受領いたしました。
　　　　　　　　　　　　　　　年　　月　　日

　　　　　　　　　　　　　　（氏　名）　　　　　　　　　㊞

（注）裁判所に問い合わせて原本還付ができることを確認できたら、原本還付の申請書等が必要か、必要であれば決まった書式があるかどうかまで確認しましょう。
　　　決まった書式がない場合は、上記の記載例を参考に申請書を作成してください。

Point　原本還付を希望するなら裁判所に確認の上、必要な申請書等を用意する。

相続放棄の申述に必要な提出書類等まとめ

相続放棄の申述書、作成できたわ！ 提出する書類も手元にあるし、ついに提出のときね。

書類が揃ったら、提出の前に漏れがないか必ず確認しましょう。必要な提出書類等をもう一度まとめますね。裁判所から追加で資料を求められないようにしましょう。

☑ 提出前に必ず確認

　提出することになる必要書類等は、次の通りです。やはり用意するのがもっとも大変なのは下記の「5」であり、確認は入念に行いましょう。

1　収入印紙を貼りつけた相続放棄申述書
2　連絡用の郵便切手
3　被相続人の除票又は戸籍の附票
4　相続放棄の申述をする者の戸籍謄本
5　被相続人の戸籍を含む相続関係を示す戸籍一式 (p.89)
(6　原本還付の場合は、上記3〜5の書類の写しと原本還付申請書)
(7　被相続人死亡日から3か月経過後の相続放棄なら上申書)
(8　上記「7」において、故人の債権者からの通知書・請求書等で相続債務の存在を知った場合は、債権者からの通知書・請求書等の写し)
※審理のために必要な場合は、上記以外の書類の提出を求められることがある。

第6章 相続放棄申述書を作成して裁判所へ提出しよう　121

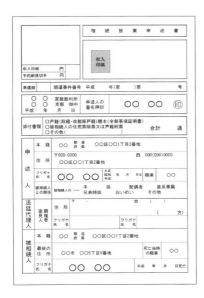

☑ 既に提出した戸籍等があるなら

　左記5の戸籍は、相続関係を示す一式の戸籍を意味します。

　この戸籍のうち、**既に提出した戸籍等があれば、それは提出する必要はありません**。たとえば第一順位の相続人である子の相続放棄をした場合に「被相続人の死亡時の戸籍」を提出していたとします。子のすべてが相続放棄をした後に、第二順位の相続人も相続放棄をする場合は、「被相続人の死亡時の戸籍」は不要になります。また、相続放棄の熟慮期間の伸長申し立てを先行して行った場合は、当該申立ての際に提出した戸籍等も相続放棄の申述時は提出が不要です（ただし提出が不要になることは、相続放棄の申述前に管轄の家庭裁判所に念のため確認するとよいでしょう。）。

　相続放棄の申述に必要な書類を確認する。

提出先は被相続人の最後の住所地の家庭裁判所

提出書類が揃ったら、ついに提出のときです。注意点は提出先です。提出はどこの家庭裁判所でもよいわけではなく、管轄の家庭裁判所に提出しなければいけません。提出先を間違えないようにしましょう！

☑ 故人（被相続人）の「最後の住所地の家庭裁判所」とは

法律によると、相続放棄の申述をするのは、故人の最後の住所地の家庭裁判所です。最後の住所地とは、死亡当時の住所のことであり、故人の住民票除票又は戸籍の附票を見て確認しましょう。

☑ 管轄の家庭裁判所の調べ方

家庭裁判所の調べ方ですが、インターネットですぐに調べられます。以下のいずれかの検索の仕方で、管轄を調べるとよいでしょう。なお、インターネットが使えない方は、巻末の家庭裁判所一覧を参考にして、提出先を確認してください。

　　URL：https://www.courts.go.jp/saiban/tetuzuki/kankatu/index.html
　　　　または
　　GoogleやYahoo等の検索エンジンで、「裁判所」と検索
　　その後「裁判所トップページ→裁判手続案内→裁判手続を利用する方へ→裁判所の管轄区域」と検索

☑ 提出方法は持参か郵送

書類等を家庭裁判所に持ち込み、担当窓口に提出します。担当は「家事受付係」等の名称ですが、提出前に担当窓口を確認しましょう。

なお、**郵送で提出するときも管轄の裁判所に電話をし、管轄が正しいこと**と郵送先の部署を確認してから送るようにしましょう。**郵送の際は書留など、追跡のできる郵送方法がおすすめです**。

☑ 郵送なら必ず「追跡」

　郵送で申述書を提出した場合は、先方に届いたかどうか必ず確認してください。郵便事故で届かないことや宛先間違いで届かないことがあれば、取り返しのつかない結果になることがあるためです。

　郵便局の窓口で郵送手続きをする際は、到着予定日をその場で確認し、予定日に到着していることをインターネットで確認するとよいでしょう。

 管轄裁判所の担当窓口に提出する。

提出後、照会書が届いたら？

書類一式を提出すると、相続放棄が終わる前に裁判所から連絡がくることがあるって聞いたわ。私のところにも連絡があるのかしら。

郵送で申述書を提出したのなら、「照会書」という書面で、相続放棄の意思等を確認される場面が多いですね。重要な場面ですので、裁判所の問い合わせにしっかりと対応してください。

☑ 家庭裁判所が確認したいことは何？

　相続放棄の申述がなされた場合に、家庭裁判所が確認したいことは主に次の2点です。

1　相続放棄が申述人の意思に基づいてなされていること
2　相続放棄ができなくなる一定事由（法定単純承認事由）がないこと

　相続放棄は本人（申述人が未成年者や成年被後見人であれば法定代理人）の意思に基づいて行われなければいけません。裁判所は勝手に誰かが相続人になりすまして相続放棄の申述をしてしまう場面や、詐欺行為などによって申述がなされるような場面を、なんとかして防ぎたいのです。
　また、熟慮期間中に処分行為がある場合や自己のために相続の開始があったことを知った時から3か月経過してからの申述である場合は、「一定の事由（法定単純承認事由）」に該当して、相続放棄ができなくなります。これらの事由の有無も家庭裁判所は確認したいのです。

☑ どのように対応する？

「照会書」が届いたら、必要事項を記入の上、裁判所に提出しましょう。あまりないかもしれませんが、裁判所へ呼び出された場合は、日時を調整して裁判所へ出向きましょう。

また、家庭裁判所によっては、相続放棄の申述書を持参して提出する際に、次の内容を口頭で確認されることもあるかもしれません。その際は1及び2を念頭にして慎重に回答しましょう。

聞かれることはおおよそ次のとおりです

> 1　被相続人の死亡をいつ知ったか。
> 2　これまでに遺産の全部又は一部を処分、隠匿又は消費したことがあるか。
> 3　相続放棄の申述は自分でしたか。又は第三者に依頼したか。
> 4　自分の意思で相続放棄をしたか。
> 5　相続放棄をする理由。
> 6　被相続人の死亡を知ったとき、相続財産はあると思ったか、ないと思ったか及びその理由。
> 7　負債があることをいつ知ったか又それをどうやって知ったか。

☑ 照会書の形式はいくつかあるが……

地域の家庭裁判所によって照会書には多少異なる表現があるでしょう。ただ主旨は同じなので、落ちついて対応しましょう。

Point　家庭裁判所からの問合せに対応する。

第7章

「熟慮期間の伸長」で、相続放棄をじっくり検討

3か月以内に遺産の把握ができないのなら期間伸長の申立て

ふぅ〜、なんとか相続放棄を進められたわ。どうもありがとう。でもね、一つ思うことがあるの。私の場合はよかったけど、遺産（特にマイナスの相続財産）に関する具体的な内容が分からない場合、その調査をしているうちに「3か月」が過ぎてしまう人もいるわよね？　これだと相続放棄が必要なのに、放棄できない人もいるのではないかしら。検討期間が3か月しかないのは短かすぎるわ……。

たしかに伸子さんの言うとおりですね。遺産の調査に時間がかかる場面はよくあります。そんなときのために、裁判所において「3か月」の熟慮期間を伸ばしてもらうことができる場合がありますよ。せっかくですから、ここで説明しましょう。

☑ 熟慮期間中に申し立てる

　次頁でも触れますが、**期間伸長の申し立てができるのは熟慮期間が経過していない間**です。熟慮期間が経過してしまうと単純承認であると扱われてしまうため、期間伸長の申し立てをする場合は早急に対応しましょう。

　なお、相続放棄の申述のための書類作成などと並行してするのではなく、期間を伸長したい場合は伸長の手続きを優先するべきです。

☑ 「熟慮期間」の伸長について、基本を確認

期間の伸長について、必ず知ってほしいことは次の通りです。

---

1 裁判所に申立てができるのは利害関係人又は検察官（注1）。
2 **申立期間は、相続の開始後、熟慮期間が経過しない間**（注2）。
3 期間の伸長は相続人ごとに判断されるものであり、一人についての期間伸長の申立てがなされ、それが認められても、他の相続人の熟慮期間には影響しない（注3）。
4 期間伸長の申立てが却下された場合は「即時抗告」という特別な方法で異議を述べることになるため、申立てにおいて不安なことがあれば専門家への相談を検討する。
5 申立先は故人の最後の住所地の家庭裁判所となる。

（注1）利害関係人とは、相続人や遺言書で財産を承継することになった受遺者などのこと。
（注2）熟慮期間の経過は法定単純承認事由で、期間の伸長だけでなく、相続放棄自体ができなくなるため要注意。
（注3）複数名の熟慮期間を伸長する場合には、それぞれ申立てをする。

☑ 熟慮期間の伸長の申立てをする「理由」に注意

相続放棄をするか否か検討できる熟慮期間は「3か月」が原則です。

一方で熟慮期間の伸長はあくまで例外であるため、伸長できる場面は限定されています。

期間を伸長する理由としては、「財産調査に時間を要すること」が挙げられます。たとえば故人の財産が海外などの遠方に数多く存在し、財産の確認に時間を要する場合や、複数名からの借金があることは把握しているものの、具体的に誰からいくらの借金があるか不明で、確認に時間を要する場合等です。

ところで期間伸長の理由として、単に「単純承認するか相続放棄するか決めるための時間が欲しい」としてなされた申立ては、受理するべきではないとする見解があるため要注意です。

☑ 期間伸長の申立てに必要なもの

1 申立書（下記注1のURL参照。800円の収入印紙を貼付け）
2 連絡用の郵便切手（通常は84円切手3〜5枚、10円切手3〜5枚程度だが、裁判所によって異なるため、事前に管轄裁判所に要確認）
3 被相続人の住民票の除票又は戸籍の附票
4 期間の伸長を求める相続人の戸籍謄本
  （相続人以外の利害関係人が期間伸長を求める場合は、「利害関係を証する書面」が必要）
5 その他にも戸籍等が必要であるが、第5章のp.89と同じ（※申立書の提出方法等は、相続放棄申述について解説している第6章p.122を参考にしてください。）

(注1) https://www.courts.go.jp/saiban/syurui/syurui_kazi/kazi_06_25/index.html

☑ 申立書作成・提出の注意点

　相続放棄の申述書の作成と重複しますが、住所や本籍などは省略することなく、住民票などの公文書を見ながら一字一句記入しましょう。

　また、郵送で提出する際は送る前に家庭裁判所に電話をし、提出先を確認しましょう。送る際は書留などの追跡ができる形態で送り、到着しているであろう日になったら、その到着を確認してください。

第7章 「熟慮期間の伸長」で、相続放棄をじっくり検討　131

[書式例] 家事審判申立書

受付印	家事審判申立書 事件名（ 相続の承認又は放棄の ） 期間伸長
	（この欄に申立手数料として1件について800円分の収入印紙を貼ってください。） 印　紙 （貼った印紙に押印しないでください。） （注意）登記手数料としての収入印紙を納付する場合は、登記手数料としての収入印紙は貼らずにそのまま提出してください。

収入印紙	円
予納郵便切手	円
予納収入印紙	円

準口頭		関連事件番号 平成　　年（家　　）第　　　　　　号

○　○　家庭裁判所 　　　　　御中 平成○年○月○日	申立人 （又は法定代理人など） の記名押印	甲　野　杉　男　㊞

添付書類	

申立人	本籍 （国籍）	（戸籍の添付が必要とされていない申立ての場合は、記入する必要はありません。） ○○　都道府県　○○市○○町○丁目○番地
	住所	〒○○○－○○○○　　電話　○○○（○○○　）○○○○ ○○県○○市○○町○丁目○番○号 （　　　　　　　方）
	連絡先	〒　　－　　　　　電話　（　　　） （注：住所で確実に連絡ができるときは記入しないでください。） （　　　　　　　方）
	フリガナ 氏名	コウノ　スギオ　　　大正 甲　野　杉　男　　昭和　○年○月○日生 　　　　　　　　　　平成　（　○○　歳）
	職業	会　社　員

※ 被相続人	本籍 （国籍）	（戸籍の添付が必要とされていない申立ての場合は、記入する必要はありません。） ○○　都道府県　○○市○○町○丁目○番地
	最後の住所	〒○○○－○○○○　　電話　（　　　） ○○県○○市○○町○丁目○番○号 （　　　　　　　方）
	連絡先	〒　　－　　　　　電話　（　　　） （　　　　　　　方）
	フリガナ 氏名	コウノ　タロウ　　　大正 甲　野　太　郎　　昭和　○年○月○日生 　　　　　　　　　　平成　（　○○　歳）
	職業	無　職

(注)　太枠の中だけ記入してください。
※の部分は、申立人、法定代理人、成年被後見人となるべき者、不在者、共同相続人、被相続人等の区別を記入してください。
別表第一（1／2）

（裁判所ウェブサイト「相続の承認又は放棄の期間の伸長の申立書」記入例（期間伸長）
https://www.courts.go.jp/saiban/syosiki/syosiki_kazisinpan/syosiki_01_52/index.html）

申　立　て　の　趣　旨
申立人が，被相続人甲野太郎の相続の承認又は放棄をする期間を平成〇〇年〇〇月〇〇日まで伸長するとの審判を求めます。

申　立　て　の　理　由
1　申立人は，被相続人の長男です。
2　被相続人は平成〇〇年〇〇月〇〇日死亡し，同日，申立人は，相続が開始したことを知りました。
3　申立人は，被相続人の相続財産を調査していますが，被相続人は，幅広く事業を行っていたことから，相続財産が各地に分散しているほか，債務も相当額あるようです。
4　そのため，法定期間内に，相続を承認するか放棄するかの判断をすることが困難な状況にあります。
5　よって，この期間を〇か月伸長していただきたく，申立ての趣旨のとおりの審判を求めます。

別表第一－（2／2）

期間伸長の申し立てをするなら、早急に対応する。

第8章

相続放棄が終わったら
～手続終了後にやるべきことは？～

相続放棄の受理を確認するための「相続放棄申述受理証明書」

相続放棄の申述だけど、裁判所に書類を提出してきたわ。そしたら「相続放棄申述受理通知書」っていう書類が裁判所から届いたの！

それはよかったですね、手続きが終わったということですよ。この場合は「通知書」だけでなく、念のため相続放棄が完了したことの「証明書」に当たる「相続放棄申述受理証明書」を取得しておくと何かと安心ですよ。

☑ 相続放棄が終わったら

　家庭裁判所から「相続放棄申述受理通知書」が届くことになります。これは書いて字のごとく、「あなたからの相続放棄の申述を受理しました」というお知らせであり、申述が無事に完了したことを意味します。

　しかしながら、通知書はお知らせに過ぎないため、相続放棄の申述が受理されたことを「証明」できるわけではありません。証明するためには証明書を発行してもらう必要があり、この証明書のことを「相続放棄申述受理証明書」といいます。

☑ 不動産の名義変更（相続登記）には「証明書」が必要

　証明書が必要になる代表的な手続きが「相続登記」です。相続登記とは、不動産登記簿謄本（登記事項証明書）の故人名義を、相続人名義（相続放棄した者以外の相続人の名義）に変えることを意味します。このとき「相続放棄申述受理証明書」が必要になるのです（なお、相続登記のように「証明書」を使う場面がなければ、取得しなくても構いません。）。

第 8 章　相続放棄が終わったら〜手続終了後にやるべきことは？〜　135

[書式例（見本）] 相続放棄申述受理証明書

相続放棄申述受理証明書

事　件　番　号　　平成○○年（家）第○○○○号

申　述　人　氏　名　　○○　○○

被　相　続　人　氏　名　　○○　○○
本　　　　　籍　　○○県○○市○○二丁目○○○番地
死　亡　年　月　日　　平成○○年○月○日

申述を受理した日　　平成○○年○○月○○日

　　　上記のとおり証明する。

　　　　　　　　平成○○年○月○○日
　　　　　　　　○○家庭裁判所○○○○係
　　　　　　　　裁判所書記官　○　○　○　○　[職員][印]

相続放棄が終わったら、「相続放棄申述受理証明書」を取得する。

「相続放棄申述受理証明書」を取得するためには

なるほど、もしかしたら相続放棄申述受理証明書を使うことがあるかもしれないから、取得しておくことにするわ。ところで、「証明書」はどうすれば取得できるのかしら？

「証明書」の取得は家庭裁判所に請求をします。「交付申請書」に必要事項を記入して、提出すれば取得できますよ。

☑「相続放棄申述受理証明書」の取得の仕方

　取得の仕方は、受理通知書が送られてくる際に取得の案内が同封されているか、交付の申請書が同封されています（もし何も同封されてなければ、家庭裁判所に問い合わせるとよいでしょう。）。

　その交付申請書に必要事項を記入し、印紙を貼り付け、提出します。

　申請できるのは申述人本人及び利害関係人（相続人等）ですが、以下は申述人本人が申請する場合についてまとめました。

提出先	相続放棄の申述が受理された家庭裁判所
申請手数料	証明書1枚につき150円、証明書が2枚必要なら300円（交付申請書に収入印紙を貼り付け）
提出物（郵送申請）	交付申請書と一緒に提出するもの 1　84円の郵便切手（5枚以上の証明書を取得する場合は94円郵便切手） 2　住所を記載した返信用封筒 3　現在の氏名・住所が申述時と異なる場合なら、申述時からのつながりの分かる戸籍謄本・戸籍の附票等が必要 4　身分証明書のコピー

※上記提出物の1と2は、郵送での交付申請の場合に必要です。家庭裁判所に出向いて提出する場合は上記提出物1と2に代えて、認印、相続放棄申述受理通知書を、4に代えて身分証明書の原本を持参します。

第8章　相続放棄が終わったら～手続終了後にやるべきことは？～　137

〔書式例〕相続放棄受理証明書申請書（東京家庭裁判所の場合）

（参考：東京家庭裁判所ホームページ「その他の申請」
　　　（https://www.courts.go.jp/tokyo-f/saiban/tetuzuki/syosiki03/index.html））
※なお東京家庭裁判所では、郵送の場合4の身分証明書のコピーは必要ありません。
　提出先の裁判所に確認しましょう。

「相続放棄申述受理証明書」を取得するなら、交付申請書を提出する。

故人の債権者から返済請求されたら「受理証明書」を提出

相続放棄申述受理証明書、取得できたわ。相続登記で使うことがあるって言っていたけど、他にはどんな場面で使うことがあるのかしら？

「受理証明書」がもっとも威力を発揮するのは、故人の債権者から返済を請求されてしまった場合です！

☑「相続放棄」をしたら、借金は相続しない

　相続放棄の効果は「相続人ではなくなること」です。当然ですが、相続放棄をしたら、故人の債権者から借金の返済請求があっても**返済は不要**なのです。

　ところで、故人の債権者から借金の返済請求を受けた場合に、どのようにして「相続放棄をした」と証明すればよいのでしょうか。

　ここで役に立つのが、「相続放棄申述受理証明書」です。**故人の債権者から返済の請求を受けた場合には、「受理証明書」を提出すればよい**のです（特段の事情のない限り写しで足ります）。なお、故人の債権者の多くは、「受理通知書」を見せるだけで相続放棄があったと分かるものですが、「受理証明書」を見せることで相続放棄があったと証明できるため安心です。

故人の債権者から返済請求を受けたら、相続放棄申述受理証明書を提出する。

「家族の相続」を終わらせるためには

相続放棄、これで本当に終わりね。あとは何も気を付けることはないわよね？

相続放棄が終わった後にするべきことはまだありますよ。せっかく相続放棄について勉強したのですから、最後まで解説をしますね。第3章p.58で説明をしましたが、重要なことなのであらためて説明をします。

☑「自分の相続放棄」が終わったらすべきこと

　自分自身の相続放棄だけ終わって満足してはいけません。自分が相続放棄をしたことで、**他の相続人の相続分が増えます**。たとえば伸子さんの場合は、伸子さんがお父さんの相続に関して相続放棄をしたことで、伸子さんのお兄さんの相続分が増えます。

　また、相続人であった者が相続放棄をしたことで、**元々相続人ではなかった者（次順位であった者）が、相続人の地位を得ることがあります**。伸子さんだけでなく、お兄さんも相続放棄した場合は、第一順位の相続人がいなくなるため第二順位の者が相続人になるのです。

　このような場面では、**相続放棄をしたということを同順位の相続人や後順位の相続人に知らせておくのが最適**です。もしかしたら、それらの者も相続放棄をするかもしれないためです。

相続放棄をしたら、同順位の相続人及び後順位の相続人に知らせる。

相続放棄をした後の相続財産の管理責任

相続放棄をしたときの注意点はまだあります。続けて説明をしますね。相続放棄後の遺産の「管理責任」についてです。

そういえば相続放棄をしたと言っても、父が大切にしていたアンティークものの置時計が、父の生前からずっと我が家にあるわ。一応売りに出せば値がつくから、遺産といえば遺産ね。これ、どうすればよいのかしら？

☑ 相続放棄後であっても、「遺産」を管理しなければいけない場合

　相続放棄をしたら、遺産は真の相続人（場合によっては相続財産の清算人）が受け継ぐことになります。

　したがって、相続放棄をした者が持っていた遺産は、真の相続人（場合によっては相続財産の清算人）に引き渡さなければいけません（伸子さんの場合は、伸子さんのお兄さんに引き渡すことになります）。

　注意が必要なのは、**相続放棄をした者が、相続放棄の時に現に占有している遺産を真の相続人**（場合によっては相続財産の清算人）**に引き渡すまでの間、その者に管理責任がある**と民法で規定されている点です。

　民法は、相続放棄をした者が相続放棄時に現に占有していた遺産について、相続放棄をした者に管理責任を負わせ、真の相続人が害されないようにしているのです。相続放棄をしたら、初めから相続人ではなかったことになるのだから、遺産に対する管理責任などない、と考えてはいけません。

> 参考：民法 940 条
> 　相続の放棄をした者は、その放棄の時に相続財産に属する財産を現に占有しているときは、相続人又は第 952 条第 1 項の相続財産の清算人に対して当該財産を引き渡すまでの間、自己の財産におけるのと同一の注意をもって、その財産を保存しなければならない。

　「自己の財産におけるのと同一の注意をもって、その財産を保存」とありますが、「自分自身の財産とは切り離して、引き渡すまで遺産を管理する責任がある」と覚えておくとよいでしょう。なお、相続放棄後に財産を隠蔽したり、私に消費した場合は、法定単純承認事由に当たりますので注意をしてください（民法 921 条、p.34 参照）。

☑ 相続財産の「隠匿・私に消費」に要注意

　すでに述べたことですが、民法 921 条によると、「相続人が、限定承認又は相続の放棄をした後であっても、相続財産の全部若しくは一部を隠匿し、私にこれを消費」した場合は、単純承認と扱われてしまうことがあります。

　伸子さんの場合であれば、売りに出せば売れるアンティークものの置時計があるなら、それは伸子さんのものではありませんので、真の相続人に遺産を引き渡すことになるのです。隠匿等にあたる行為はしないようにしましょう。

> 相続放棄をしても、一定の場合は遺産の管理責任がある。

※本稿の内容は 2023 年 4 月 1 日施行予定

相続人の全員が相続放棄をしたらどうなる？

伸子さん、困った顔していますが、何か分からないことでもありますか？

もし相続人の全員が相続放棄したら、遺産は結局どうなるのかしら？ 遺産のなかに不動産なんかがあったら、困っちゃうわよね。うちは、兄が遺産を相続することになっているから問題ないのだけど……。

☑ 相続人がいないときは、「相続財産清算人」の出番

　民法によると、相続人のあることが明らかでないときは、相続財産は「法人」となります。この場合には、家庭裁判所は、利害関係人又は検察官の請求によって、相続財産の清算人を選任しなければならないとされています（民法951条、952条）。「法人になる」というと難しく聞こえますが、遺産の管理等するのが遺族ではなくなり、裁判所選任の清算人が遺産を管理等することになると思ってください。

　なお、申立てができる「利害関係者」のなかには、相続放棄をした者も含まれると考えられます。

☑ 専門家への相談を検討

　管理等が必要な遺産があり、なおかつ相続人の全員が相続放棄をする場合は、相続財産清算人の選任の手続きまで考慮するべきです。これは専門家への相談を検討した方がよい場合になります。

> Point　相続財産清算人の選任が必要な場合は、専門家への相談を検討する。

※本稿の内容は2023年4月1日施行予定

参考資料

1　相続放棄申述のための参考書式
2　家庭裁判所所在地一覧

1　相続放棄申述のための参考書式

参考書式1（第5章 p.95）

送　付　状

　お世話になっております。

　この度、＿＿＿＿＿＿＿＿が＿＿＿＿年＿＿月＿＿日に死亡したことで相続が開始し、私が相続人になりました。
　この相続につき、私は民法の規定に従い、相続放棄の申述をするつもりです。今回は、当該申述において必要な戸籍等の取得をさせていただきたく、請求をいたします。取得したい戸籍等の提出先は次の通りでございます。

　・提出先：＿＿＿＿＿＿＿家庭裁判所に提出。

　戸籍法の規定に従い、私が戸籍を取得できる者であることを証するために、下記の戸籍のコピーを同封いたしますので、発行いただけますと幸いです。

　・被相続人の死亡の記載がある戸籍
　・私が相続人に該当する事実が分かる戸籍
　（または、私が直系血族に当たる事実が分かる戸籍）

以　　上

参考書式1について解説

　相続放棄の申述で、自分が載っていない戸籍を郵送で取得する場合は、前頁の送付状を参考に作成し、取得請求用紙を送る際に同封するとよいでしょう。

　p.95で述べたように、自分が載っていない戸籍を取得するのは大変です。自分が載っていなくとも、自分が戸籍の取得請求ができることを証明する必要があるためです。

　自分が載っていない戸籍を取得する場合は、取得に当たっての正当な理由がある旨を伝えましょう。「被相続人の死亡の記載がある戸籍と私が相続人に該当する事実が分かる戸籍（私が直系血族に当たる事実がわかる戸籍）」のコピーを同封するのは、このためです。自分が相続人であり、相続放棄の申述のために戸籍の取得をしたい旨が伝わるようにすることが大事です。

参考書式2（第5章 p.96）

送 付 状

お世話になっております。

　この度、＿＿＿＿＿＿＿＿＿＿が＿＿＿＿年＿＿月＿＿日に死亡したことで相続が開始し、私が相続人になりました。

　この相続につき、私は民法の規定に従い、相続放棄の申述をするつもりです。今回は、当該申述において必要になる被相続人の出生から死亡までの戸籍を集めているなかで、貴庁に取得の請求をさせていただきました。取得したい戸籍の提出先は次の通りでございます。

　・提出先：＿＿＿＿＿＿＿＿＿＿家庭裁判所に提出。

　つきましては、貴庁にある戸籍で、被相続人が載っている戸籍を発行いただけますと幸いです。参考までに、下記の戸籍のコピーを同封いたします。

　・今回の請求に至った戸籍
　　　（及び取得する戸籍が、私が載っていない戸籍であれば「被相続人の死亡の記載がある戸籍」と「私が相続人に該当する事実が分かる戸籍」または「私が直系血族に当たる事実が分かる戸籍」）

　なお貴庁にて発行いただける戸籍よりも前の戸籍が他の役所にございます場合は、どこの役所にあるかをご教示いただけますと幸いです。お手数ですが次の空欄にご記入いただき、この用紙を貴庁発行の戸籍と一緒にご返送くださると大変助かります。

　　　従前戸籍は＿＿＿＿＿＿＿＿＿＿＿＿＿＿＿＿＿にあります。

参考書式2について解説

　相続放棄の申述で、故人の出生から死亡までの戸籍を郵送で取得する場合は、前頁の送付状を参考に作成し、取得請求用紙を送る際に同封するとよいでしょう。

　p.96 で述べたように、故人の出生から死亡までの戸籍を取得するのは大変です。自分が戸籍の取得請求ができることを証明する必要があるだけでなく、さかのぼって取得する必要があるためです。

　故人の出生から死亡までの戸籍を取得するに当たっては、「私は相続人であり、被相続人の出生から死亡までの戸籍一式を取得したい」と伝えましょう。死亡時の戸籍を発行する役所で、昔の戸籍まで取得できる場面は珍しくないので、どんな場面でも「一式の戸籍を取得したい」としっかりと伝えることが大事です。

　また、今回の取得請求で従前戸籍が違う役所に保管していることが分かった場合は、当該役所がどこなのかは、今回の取得請求で役所の方に聞いてしまうとよいでしょう（役所に出向いて取得する場面も同様です。）。

参考：従前の戸籍を保管している役所の調べ方

　戸籍の取得の際に、従前の戸籍を保管している役所について聞き忘れた場合は、自分で従前戸籍を保管している役所を探す必要があります。

　従前の戸籍を取得する際に面倒なのは、従前の戸籍を保管している市や町が市町村合併などによってなくなっている場面です。このとき、従前戸籍を保管している役所が分からなくなることがあるのです。

　そんなときはインターネットで調べることをおすすめします。戸籍から読み取れる本籍地の市や町を検索すると、現在の（合併後の）役所が出てくることがあるのです。見つかったら、その役所に電話をし、「旧○○市の戸籍を取得したいが、御庁で取得できますか？」と聞いてみるとよいでしょう。

2 家庭裁判所所在地一覧

庁　名	住　　　所	電話番号
東京家庭裁判所	100-8956 千代田区霞が関1丁目1番2号	03(3502)8331
八丈島出張所	100-1401 東京都八丈島八丈町大賀郷1485番地1	04996(2)0619
伊豆大島出張所	100-0101 東京都大島町元町字家の上445番地10	04992(2)1165
立川支部	190-8589 立川市緑町10番地の4	042(845)0365
横浜家庭裁判所	231-8585 横浜市中区寿町1丁目2番地	045(345)3505
川崎支部	210-8537 川崎市川崎区富士見1丁目1番3号	044(222)1315
相模原支部	252-0236 相模原市中央区富士見6丁目10番1号	042(755)8661
横須賀支部	238-8513 横須賀市新港町1番地9	046(825)0569
小田原支部	250-0012 小田原市本町1丁目7番9号	0465(22)6586
さいたま家庭裁判所	330-0063 さいたま市浦和区高砂3丁目16番45号	048(863)8761
久喜出張所	346-0016 久喜市久喜東1丁目15番3号	0480(21)0157
越谷支部	343-0023 越谷市東越谷9丁目2番地8	048(910)0112
川越支部	350-8531 川越市宮下町2丁目1番地3	049(273)3031
飯能出張所	357-0021 飯能市大字双柳371番地	042(972)2342
熊谷支部	360-0041 熊谷市宮町1丁目68番地	048(500)3120
秩父支部	368-0035 秩父市上町2丁目9番12号	0494(22)0226
千葉家庭裁判所	260-0013 千葉市中央区中央4丁目11番27号	043(333)5302
市川出張所	272-8511 市川市鬼高2丁目20番20号	047(318)2500
佐倉支部	285-0038 佐倉市弥勒町92番地	043(484)1216

庁　名	住　　　所	電話番号
一宮支部	299-4397 長生郡一宮町一宮 2791 番地	0475（42）3531
松戸支部	271-8522 松戸市岩瀬無番地	047（368）5141
木更津支部	292-0832 木更津市新田 2 丁目 5 番 1 号	0438（22）3774
館山支部	294-0045 館山市北条 1073 番地	0470（22）2273
八日市場支部	289-2144 匝瑳市八日市場イ 2760 番地	0479（72）1300
佐原支部	287-0003 香取市佐原イ 3375 番地	0478（52）3040
水戸家庭裁判所	310-0062 水戸市大町 1 丁目 1 番 38 号	029（224）8513
日立支部	317-0073 日立市幸町 2 丁目 10 番 12 号	0294（21）4441
土浦支部	300-8567 土浦市中央 1 丁目 13 番 12 号	029（821）4359
龍ケ崎支部	301-0824 龍ケ崎市 4918 番地	0297（62）0100
麻生支部	311-3832 行方市麻生 143 番地	0299（72）0091
下妻支部	304-0067 下妻市下妻乙 99 番地	0296（43）6781
宇都宮家庭裁判所	320-8505 宇都宮市小幡 1 丁目 1 番 38 号	028（621）4843
真岡支部	321-4305 真岡市荒町 5117 番地 2	0285（82）2076
大田原支部	324-0056 大田原市中央 2 丁目 3 番 25 号	0287（22）2112
栃木支部	328-0035 栃木市旭町 16 番 31 号	0282（23）0225
足利支部	326-0057 足利市丸山町 621 番地	0284（41）3118
前橋家庭裁判所	371-8531 前橋市大手町 3 丁目 1 番 34 号	027（231）4275
中之条出張所	377-0424 吾妻郡中之条町大字中之条町 719 番地 2	0279（75）2138
沼田支部	378-0045 沼田市材木町甲 150 番地	0278（22）2709

庁　名	住　　　所	電話番号
太田支部	373-8531 太田市浜町 17 番 5 号	0276(45)7751
桐生支部	376-8531 桐生市相生町 2 丁目 371 番地の 5	0277(53)2391
高崎支部	370-8531 高崎市高松町 26 番地 2	027(322)3541
静岡家庭裁判所	420-8604 静岡市葵区城内町 1 番 20 号	054(273)5454
島田出張所	427-0043 島田市中溝 4 丁目 11 番の 10	0547(37)1630
沼津支部	410-8550 沼津市御幸町 21 番 1 号	055(931)6000
熱海出張所	413-8505 熱海市春日町 3 番 14 号	0557(81)2989
富士支部	417-8511 富士市中央町 2 丁目 7 番 1 号	0545(52)0386
下田支部	415-8520 下田市四丁目 7 番 34 号	0558(22)0161
浜松支部	430-8620 浜松市中区中央 1 丁目 12 番 5 号	053(453)7155
掛川支部	436-0028 掛川市亀の甲 2 丁目 16 番 1 号	0537(22)3036
甲府家庭裁判所	400-0032 甲府市中央 1 丁目 10 番 7 号	055(213)2541
都留支部	402-0052 都留市中央 2 丁目 1 番 1 号	0554(56)7669
長野家庭裁判所	380-0846 長野市旭町 1108 番地	026(403)2038
飯山出張所	389-2253 飯山市大字飯山 1123 番地	0269(62)2125
上田支部	386-0023 上田市中央西 2 丁目 3 番 3 号	0268(40)2203
佐久支部	385-0022 佐久市岩村田 1161 番地	0267(67)1532
松本支部	390-0873 松本市丸の内 10 番 35 号	0263(32)3044
木曽福島出張所	397-0001 木曽郡木曽町福島 6205 番地 13	0264(22)2021
大町出張所	398-0002 大町市大町 4222 番地 1	0261(22)0121

庁　名	住　　　所	電話番号
諏訪支部	392-0004 諏訪市諏訪 1 丁目 24 番 22 号	0266（52）9217
飯田支部	395-0015 飯田市江戸町 1 丁目 21 番地	0265（22）0186
伊那支部	396-0026 伊那市西町 4841 番地	0265（72）2757
新潟家庭裁判所	951-8513 新潟市中央区川岸町 1 丁目 54 番 1	025（266）3171
三条支部	955-0047 三条市東三条 2 丁目 2 番 2 号	0256（32）1758
新発田支部	957-0053 新発田市中央町 4 丁目 3 番 27 号	0254（24）0121
村上出張所	958-0837 村上市三之町 8 番 16 号	0254（53）2066
長岡支部	940-1151 長岡市三和 3 丁目 9 番地 28	0258（35）2141
十日町出張所	948-0093 十日町市稲荷町 3 丁目南 3 番地 1	025（752）2086
柏崎出張所	945-0063 柏崎市諏訪町 10 番 37 号	0257（22）2090
南魚沼出張所	949-6680 南魚沼市六日町 1884 番地子	025（772）2450
高田支部	943-0838 上越市大手町 1 番 26 号	025（524）5160
糸魚川出張所	941-0058 糸魚川市寺町 2 丁目 8 番 23 号	025（552）0058
佐渡支部	952-1324 佐渡市中原 356 番地 2	0259（52）3151
大阪家庭裁判所	540-0008 大阪市中央区大手前 4 丁目 1 番 13 号	06（6943）5321
堺支部	590-0078 堺市堺区南瓦町 2 番 28 号	072（223）7001
岸和田支部	596-0042 岸和田市加守町 4 丁目 27 番 2 号	072（441）6803
京都家庭裁判所	606-0801 京都市左京区下鴨宮河町 1 番地	075（722）7211
園部支部	622-0004 南丹市園部町小桜町 30 番地	0771（62）0840
宮津支部	626-0017 宮津市字島崎 2043 番地の 1	0772（22）2393

庁　名	住　　　所	電話番号
舞鶴支部	624-0853 舞鶴市字南田辺小字南裏町 149 番地	0773(75)0958
福知山支部	620-0035 福知山市字内記 9 番地	0773(22)3663
神戸家庭裁判所	652-0032 神戸市兵庫区荒田町 3 丁目 46 番 1 号	078(521)5907
伊丹支部	664-8545 伊丹市千僧 1 丁目 47 番地の 1	072(779)3074
尼崎支部	661-0026 尼崎市水堂町 3 丁目 2 番 34 号	06(6438)3781
明石支部	673-0881 明石市天文町 2 丁目 2 番 18 号	078(912)3233
柏原支部	669-3309 丹波市柏原町柏原 439 番地	0795(72)0155
姫路支部	670-0947 姫路市北条 1 丁目 250 番地	079(281)2011
社支部	673-1431 加東市社 490 番地の 2	0795(42)0123
龍野支部	679-4179 たつの市龍野町上霞城 131 番地	0791(63)3920
豊岡支部	668-0042 豊岡市京町 12 番 81 号	0796(22)2881
洲本支部	656-0024 洲本市山手 1 丁目 1 番 18 号	0799(25)2332
浜坂出張所	669-6701 美方郡新温泉町芦屋 6 番地の 1	0796(82)1169
奈良家庭裁判所	630-8213 奈良市登大路町 35 番地	0742(26)1271
葛城支部	635-8502 大和高田市大字大中 101 番地の 4	0745(53)1012
五條支部	637-0043 五條市新町 3 丁目 3 番 1 号	0747(23)0261
吉野出張所	638-0821 吉野郡大淀町大字下渕 350 番地の 1	0747(52)2490
大津家庭裁判所	520-0044 大津市京町 3 丁目 1 番 2 号	077(503)8104
彦根支部	522-0010 彦根市駅東町 1 番地 13	0749(22)0167
長浜支部	526-0058 長浜市南呉服町 6 番 22 号	0749(62)0240

庁　名	住　　所	電話番号
高島出張所	520-1623 高島市今津町住吉 1 丁目 3 番地 8	0740（22）2148
和歌山家庭裁判所	640-8143 和歌山市二番丁 1 番地	073（422）4191
田辺支部	646-0033 田辺市新屋敷町 5 番地	0739（22）2801
御坊支部	644-0011 御坊市湯川町財部 515 番地の 2	0738（22）0006
新宮支部	647-0015 新宮市千穂 3 丁目 7 番 13 号	0735（22）3649
妙寺出張所	649-7113 伊都郡かつらぎ町大字妙寺 111 番地	0736（22）0033
名古屋家庭裁判所	460-0001 名古屋市中区三の丸 1 丁目 7 番 1 号	052（223）0994
一宮支部	491-0842 一宮市公園通 4 丁目 17 番地	0586（73）3191
半田支部	475-0902 半田市宮路町 200 番地の 2	0569（21）1610
岡崎支部	444-8550 岡崎市明大寺町字奈良井 3 番地	0564（51）8972
豊橋支部	440-0884 豊橋市大国町 110 番地	0532（52）3212
津家庭裁判所	514-8526 津市中央 3 番 1 号	059（226）4171
松阪支部	515-8525 松阪市中央町 36 番地 1	0598（51）0542
伊賀支部	518-0873 伊賀市上野丸之内 130 番地の 1	0595（21）0002
四日市支部	510-8526 四日市市三栄町 1 番 22 号	059（352）7151
伊勢支部	516-8533 伊勢市岡本 1 丁目 2 番 6 号	0596（28）9185
熊野支部	519-4396 熊野市井戸町 784 番地	0597（85）2145
尾鷲出張所	519-3615 尾鷲市中央町 6 番 23 号	0597（22）0448
岐阜家庭裁判所	500-8710 岐阜市美江寺町 2 丁目 4 番地の 1	058（262）5121
大垣支部	503-0888 大垣市丸の内 1 丁目 22 番地	0584（78）6184

庁　名	住　　所	電話番号
多治見支部	507-0023 多治見市小田町 1 丁目 22 番地の 1	0572 (22) 0698
御嵩支部	505-0116 可児郡御嵩町御嵩 1177 番地	0574 (67) 3111
高山支部	506-0009 高山市花岡町 2 丁目 63 番地 3	0577 (32) 1140
郡上出張所	501-4213 郡上市八幡町殿町 63 番地の 2	0575 (65) 2265
中津川出張所	508-0045 中津川市かやの木町 4 番 2 号	0573 (66) 1530
福井家庭裁判所	910-8524 福井市春山 1 丁目 1 番 1 号	0776 (22) 5000
武生支部	915-8524 越前市日野美 2 丁目 6 番地	0778 (23) 0050
敦賀支部	914-8524 敦賀市松栄町 6 番 10 号	0770 (22) 0812
小浜出張所	917-8524 小浜市城内 1 丁目 1 番 2 号	0770 (52) 0003
金沢家庭裁判所	920-8655 金沢市丸の内 7 番 1 号	076 (221) 3111
小松支部	923-8541 小松市小馬出町 11 番地	0761 (22) 8541
七尾支部	926-8541 七尾市馬出町ハ部 1 番地の 2	0767 (52) 3135
輪島支部	928-8541 輪島市河井町 15 部 49 番地の 2	0768 (22) 0054
珠洲出張所	927-1297 珠洲市上戸町北方い 46 番 3	0768 (82) 0218
富山家庭裁判所	939-8502 富山市西田地方町 2 丁目 9 番 1 号	076 (421) 6324
魚津支部	937-0866 魚津市本町 1 丁目 10 番 60 号	0765 (22) 0160
高岡支部	933-8546 高岡市中川本町 10 番 6 号	0766 (22) 5152
砺波出張所	939-1367 砺波市広上町 8 番 24 号	0763 (32) 2118
広島家庭裁判所	730-0012 広島市中区上八丁堀 1 番 6 号	082 (228) 0494
呉支部	737-0811 呉市西中央 4 丁目 1 番 46 号	0823 (21) 4992

庁　名	住　　　所	電話番号
尾道支部	722-0014 尾道市新浜 1 丁目 12 番 4 号	0848（22）5286
福山支部	720-0031 福山市三吉町 1 丁目 7 番 1 号	084（923）2806
三次支部	728-0021 三次市三次町 1725 番地 1	0824（63）5169
山口家庭裁判所	753-0048 山口市駅通り 1 丁目 6 番 1 号	083（922）1330
周南支部	745-0071 周南市岐山通 2 丁目 5 番地	0834（21）2610
萩支部	758-0041 萩市大字江向 469 番地	0838（22）0047
岩国支部	741-0061 岩国市錦見 1 丁目 16 番 45 号	0827（41）0161
下関支部	750-0009 下関市上田中町 8 丁目 2 番 2 号	083（222）4076
宇部支部	755-0033 宇部市琴芝町 2 丁目 2 番 35 号	0836（21）3197
柳井出張所	742-0002 柳井市山根 10 番 20 号	0820（22）0270
船木出張所	757-0216 宇部市大字船木 183 番地	0836（67）0036
岡山家庭裁判所	700-0807 岡山市北区南方 1 丁目 8 番 42 号	086（222）6771
倉敷支部	710-8558 倉敷市幸町 3 番 33 号	086（422）1038
新見支部	718-0011 新見市新見 1222 番地	0867（72）0042
津山支部	708-0051 津山市椿高下 52 番地	0868（22）9326
玉野出張所	706-0011 玉野市宇野 2 丁目 2 番 1 号	0863（21）2908
児島出張所	711-0911 倉敷市児島小川 1 丁目 4 番 14 号	086（473）1400
玉島出張所	713-8102 倉敷市玉島 1 丁目 2 番 43 号	086（522）3074
笠岡出張所	714-0081 笠岡市笠岡 1732 番地	0865（62）2234

庁　名	住　　　所	電話番号
鳥取家庭裁判所	680-0011 鳥取市東町 2 丁目 223 番地	0857(22)2171
倉吉支部	682-0824 倉吉市仲ノ町 734 番地	0858(22)2911
米子支部	683-0826 米子市西町 62 番地	0859(22)2408
松江家庭裁判所	690-8523 松江市母衣町 68 番地	0852(23)1701
出雲支部	693-8523 出雲市今市町 797 番地 2	0853(21)2114
浜田支部	697-0027 浜田市殿町 980 番地	0855(22)0678
益田支部	698-0021 益田市幸町 6 番 60 号	0856(22)0365
西郷支部	685-0015 隠岐郡隠岐の島町港町指向 5 番地 1	08512(2)0005
雲南出張所	699-1332 雲南市木次町木次 980 番地	0854(42)0275
川本出張所	696-0001 邑智郡川本町大字川本 340 番地	0855(72)0045
福岡家庭裁判所	810-8652 福岡市中央区六本松 4 丁目 2 番 4 号	092(711)9651
飯塚支部	820-8506 飯塚市新立岩 10 番 29 号	0948(22)1150
直方支部	822-0014 直方市丸山町 1 番 4 号	0949(22)0522
久留米支部	830-8512 久留米市篠山町 21 番地	0942(39)6943
柳川支部	832-0045 柳川市本町 4 番地	0944(72)3121
大牟田支部	836-0052 大牟田市白金町 101 番地	0944(53)3503
八女支部	834-0031 八女市本町 537 番地 4	0943(23)4036
小倉支部	803-8532 北九州市小倉北区金田 1 丁目 4 番 1 号	093(561)3431
行橋支部	824-0001 行橋市行事 1 丁目 8 番 23 号	0930(22)0035
田川支部	826-8567 田川市千代町 1 番 5 号	0947(42)0163

庁　名	住　　所	電話番号
甘木出張所	838-0061 朝倉市菩提寺 571 番地	0946(22)2113
佐賀家庭裁判所	840-0833 佐賀市中の小路 3 番 22 号	0952(23)3161
武雄支部	843-0022 武雄市武雄町大字武雄 5660 番地	0954(22)2159
唐津支部	847-0012 唐津市大名小路 1 番 1 号	0955(72)2138
鹿島出張所	849-1311 鹿島市大字高津原 3575 番地	0954(62)2870
長崎家庭裁判所	850-0033 長崎市万才町 6 番 25 号	095(822)6151
大村支部	856-0831 大村市東本町 287 番地	0957(52)3501
島原支部	855-0036 島原市城内 1 丁目 1195 番地 1	0957(62)3151
佐世保支部	857-0805 佐世保市光月町 9 番 4 号	0956(22)9175
平戸支部	859-5153 平戸市戸石川町 460 番地	0950(22)2004
壱岐支部	811-5133 壱岐市郷ノ浦町本村触 624 番地 1	0920(47)1019
五島支部	853-0001 五島市栄町 1 番地 7	0959(72)3315
厳原支部	817-0013 対馬市厳原町中村 642 番地 1	0920(52)0067
諫早出張所	854-0071 諫早市永昌東町 24 番 12 号	0957(22)0421
新上五島出張所	857-4211 南松浦郡新上五島町有川郷 2276 番地 5	0959(42)0044
上県出張所	817-1602 対馬市上県町佐須奈甲 639 番地 22	0920(84)2037
大分家庭裁判所	870-8564 大分市荷揚町 7 番 15 号	097(532)7161
杵築支部	873-0001 杵築市大字杵築 1180 番地	0978(62)2052
佐伯支部	876-0815 佐伯市野岡町 2 丁目 13 番 2 号	0972(22)0168
竹田支部	878-0013 竹田市大字竹田 2065 番地の 1	0974(63)2040

庁　名	住　　　所	電話番号
中津支部	871-0050 中津市二ノ丁 1260 番地	0979(22)2115
日田支部	877-0012 日田市淡窓 1 丁目 1 番 53 号	0973(23)3145
豊後高田出張所	879-0606 豊後高田市玉津 894 番地	0978(22)2061
熊本家庭裁判所	860-0001 熊本市中央区千葉城町 3 番 31 号	096(355)6121
玉名支部	865-0051 玉名市繁根木 54 番地 8	0968(72)3037
山鹿支部	861-0501 山鹿市山鹿 280 番地	0968(44)5141
阿蘇支部	869-2612 阿蘇市一の宮町宮地 2476 番地 1	0967(22)0063
八代支部	866-0863 八代市西松江城町 1 番 41 号	0965(32)2176
人吉支部	868-0056 人吉市寺町 1 番地	0966(23)4855
天草支部	863-8585 天草市諏訪町 16 番 24 号	0969(23)2004
御船出張所	861-3206 上益城郡御船町大字辺田見 1250 番地 1	096(282)0055
高森出張所	869-1602 阿蘇郡高森町大字高森 1385 番地 6	0967(62)0069
水俣出張所	867-0041 水俣市天神町 1 丁目 1 番 1 号	0966(62)2307
牛深出張所	863-1901 天草市牛深町 2061 番地 17	0969(72)2540
鹿児島家庭裁判所	892-8501 鹿児島市山下町 13 番 47 号	099(222)7121
名瀬支部	894-0033 奄美市名瀬矢之脇町 1 番 1 号	0997(52)5141
加治木支部	899-5214 姶良市加治木町仮屋町 95 番地	0995(62)2666
知覧支部	897-0302 南九州市知覧町郡 6196 番地の 1	0993(83)2229
川内支部	895-0064 薩摩川内市花木町 2 番 20 号	0996(22)2154
鹿屋支部	893-0011 鹿屋市打馬 1 丁目 2 番 14 号	0994(43)2330

庁　名	住　　所	電話番号
種子島出張所	891-3101 西之表市西之表 16275 番地 12	0997(22)0159
屋久島出張所	891-4205 熊毛郡屋久島町宮之浦 2445 番地 18	0997(42)0014
徳之島出張所	891-7101 大島郡徳之島町亀津 554 番地の 2	0997(83)0019
大口出張所	895-2511 伊佐市大口里 2235 番地	0995(22)0247
指宿出張所	891-0402 指宿市十町 244 番地	0993(22)2902
宮崎家庭裁判所	880-8543 宮崎市旭 2 丁目 3 番 13 号	0985(23)2261
日南支部	889-2535 日南市飫肥 3 丁目 6 番 1 号	0987(25)1188
都城支部	885-0075 都城市八幡町 2 街区 3 号	0986(23)4131
延岡支部	882-8585 延岡市東本小路 121 番地	0982(32)3291
日向出張所	883-0036 日向市南町 8 番 7 号	0982(52)2211
高千穂出張所	882-1101 西臼杵郡高千穂町大字三田井 118 番地	0982(72)2017
那覇家庭裁判所	900-8603 那覇市樋川 1 丁目 14 番 10 号	098(855)1000
沖縄支部	904-2194 沖縄市知花 6 丁目 7 番 7 号	098(939)0017
名護支部	905-0011 名護市字宮里 451 番地 3	0980(52)2742
平良支部	906-0012 宮古島市平良字西里 345 番地	0980(72)3428
石垣支部	907-0004 石垣市字登野城 55 番地	0980(82)3812
仙台家庭裁判所	980-8637 仙台市青葉区片平 1 丁目 6 番 1 号	022(222)4165
大河原支部	989-1231 柴田郡大河原町字中川原 9 番地	0224(52)2102
古川支部	989-6161 大崎市古川駅南 2 丁目 9 番地の 46	0229(22)1694
石巻支部	986-0832 石巻市泉町 4 丁目 4 番 28 号	0225(22)0363

庁 名	住 所	電話番号
登米支部	987-0702 登米市登米町寺池桜小路 105 番地の 3	0220(52)2011
気仙沼支部	988-0022 気仙沼市河原田 1 丁目 2 番 30 号	0226(22)6626
福島家庭裁判所	960-8512 福島市花園町 5 番 38 号	024(534)2156
相馬支部	976-0042 相馬市中村字大手先 48 番地の 1	0244(36)5141
郡山支部	963-8566 郡山市麓山 1 丁目 2 番 26 号	024(932)5656
白河支部	961-0074 白河市郭内 146 番地	0248(22)5555
会津若松支部	965-8540 会津若松市追手町 6 番 6 号	0242(26)5725
いわき支部	970-8026 いわき市平字八幡小路 41 番地	0246(22)1321
棚倉出張所	963-6131 東白川郡棚倉町大字棚倉字南町 78 番地の 1	0247(33)3458
田島出張所	967-0004 南会津郡南会津町田島字後原甲 3483 番地の 3	0241(62)0211
山形家庭裁判所	990-8531 山形市旅篭町 2 丁目 4 番 22 号	023(623)9511
新庄支部	996-0022 新庄市住吉町 4 番 27 号	0233(22)0265
米沢支部	992-0045 米沢市中央 4 丁目 9 番 15 号	0238(22)2165
鶴岡支部	997-0035 鶴岡市馬場町 5 番 23 号	0235(23)6666
酒田支部	998-0037 酒田市日吉町 1 丁目 5 番 27 号	0234(23)1234
赤湯出張所	999-2211 南陽市赤湯 316 番地	0238(43)2217
長井出張所	993-0015 長井市四ツ谷 1 丁目 7 番 20 号	0238(88)2073
盛岡家庭裁判所	020-8520 盛岡市内丸 9 番 1 号	019(622)3350
花巻支部	025-0075 花巻市花城町 8 番 26 号	0198(23)5276
二戸支部	028-6101 二戸市福岡字城ノ内 4 番地 2	0195(23)2591

庁　　名	住　　　　　所	電話番号
遠野支部	028-0515 遠野市東舘町 2 番 3 号	0198 (62) 2840
宮古支部	027-0052 宮古市宮町 1 丁目 3 番 30 号	0193 (62) 2925
一関支部	021-0877 一関市城内 3 番 6 号	0191 (23) 4148
水沢支部	023-0053 奥州市水沢区大手町 4 丁目 19 番地	0197 (24) 7181
久慈出張所	028-0022 久慈市田屋町第 2 地割 50 番地 5	0194 (53) 4158
大船渡出張所	022-0003 大船渡市盛町字宇津野沢 9 番地 3	0192 (26) 3630
秋田家庭裁判所	010-8504 秋田市山王 7 丁目 1 番 1 号	018 (824) 3121
能代支部	016-0817 能代市上町 1 番 15 号	0185 (52) 3278
本荘支部	015-0872 由利本荘市瓦谷地 21 番地	0184 (22) 3916
大館支部	017-0891 大館市字中城 15 番地	0186 (42) 0071
横手支部	013-0013 横手市城南町 2 番 1 号	0182 (32) 4130
大曲支部	014-0063 大仙市大曲日の出町 1 丁目 20 番 4 号	0187 (63) 2033
鹿角出張所	018-5201 鹿角市花輪字下中島 1 番地 1	0186 (23) 2262
角館出張所	014-0372 仙北市角館町小館 77 番地 4	0187 (53) 2305
青森家庭裁判所	030-8523 青森市長島 1 丁目 3 番 26 号	017 (722) 5421
五所川原支部	037-0044 五所川原市字元町 54 番地	0173 (34) 2927
弘前支部	036-8356 弘前市大字下白銀町 7 番地	0172 (32) 4371
八戸支部	039-1166 八戸市根城 9 丁目 13 番 6 号	0178 (22) 3167
十和田支部	034-0082 十和田市西二番町 14 番 8 号	0176 (23) 2368
むつ出張所	035-0073 むつ市中央 1 丁目 1 番 5 号	0175 (22) 2712

庁　名	住　　　所	電話番号
野辺地出張所	039-3131 上北郡野辺地町字野辺地 419 番地	0175(64)3279
札幌家庭裁判所	060-0042 札幌市中央区大通西 12 丁目 （札幌家庭・簡易裁判所合同庁舎）	011(221)7281
岩見沢支部	068-0004 岩見沢市 4 条東 4 丁目	0126(22)6650
滝川支部	073-0022 滝川市大町 1 丁目 6 番 13 号	0125(23)2311
室蘭支部	050-0081 室蘭市日の出町 1 丁目 18 番 29 号	0143(44)6733
苫小牧支部	053-0018 苫小牧市旭町 2 丁目 7 番 12 号	0144(32)3295
浦河支部	057-0012 浦河郡浦河町常盤町 19 番地	0146(22)4165
小樽支部	047-0024 小樽市花園 5 丁目 1 番 1 号	0134(22)9157
岩内支部	045-0013 岩内郡岩内町字高台 192 番地の 1	0135(62)0138
夕張出張所	068-0411 夕張市末広 1 丁目 92 番地 16	0123(52)2004
静内出張所	056-0005 日高郡新ひだか町静内こうせい町 2 丁目 1 番 10 号	0146(42)0120
函館家庭裁判所	040-8602 函館市上新川町 1 番 8 号	0138(38)2370
江差支部	043-0043 檜山郡江差町字本町 237 番地	0139(52)0174
松前出張所	049-1501 松前郡松前町字建石 48 番地	0139(42)2122
八雲出張所	049-3112 二海郡八雲町末広町 184 番地	0137(62)2494
寿都出張所	048-0401 寿都郡寿都町字新栄町 209 番地	0136(62)2072
旭川家庭裁判所	070-8641 旭川市花咲町 4 丁目	0166(51)6251
名寄支部	096-0014 名寄市西 4 条南 9 丁目	01654(3)3331
紋別支部	094-0006 紋別市潮見町 1 丁目 5 番 48 号	0158(23)2856

庁　名	住　所	電話番号
留萌支部	077-0037 留萌市沖見町 2 丁目	0164（42）0465
稚内支部	097-0002 稚内市潮見 1 丁目 3 番 10 号	0162（33）5289
深川出張所	074-0002 深川市 2 条 1 番 4 号	0164（23）2813
富良野出張所	076-0018 富良野市弥生町 2 番 55 号	0167（22）2209
中頓別出張所	098-5551 枝幸郡中頓別町字中頓別 166 番地の 5	01634（6）1626
天塩出張所	098-3303 天塩郡天塩町新栄通 7 丁目	01632（2）1146
釧路家庭裁判所	085-0824 釧路市柏木町 4 番 7 号	0154（99）1222
帯広支部	080-0808 帯広市東 8 条南 9 丁目 1 番地	0155（23）5141
網走支部	093-0031 網走市台町 2 丁目 2 番 1 号	0152（43）4115
北見支部	090-0065 北見市寿町 4 丁目 7 番 36 号	0157（24）8431
根室支部	087-0026 根室市敷島町 2 丁目 3 番地	0153（24）1617
本別出張所	089-3313 中川郡本別町柳町 4 番地	0156（22）2064
遠軽出張所	099-0403 紋別郡遠軽町 1 条通北 2 丁目 3 番地 25	0158（42）2259
標津出張所	086-1632 標津郡標津町北 2 条西 1 丁目 1 番 17 号	0153（82）2046
高松家庭裁判所	760-8585 高松市丸の内 2 番 27 号	087（851）1631
丸亀支部	763-0034 丸亀市大手町 3 丁目 4 番 1 号	0877（23）5340
観音寺支部	768-0060 観音寺市観音寺町甲 2804 番地 1	0875（25）2619
土庄出張所	761-4121 小豆郡土庄町淵崎甲 1430 番地 1	0879（62）0224
徳島家庭裁判所	770-8528 徳島市徳島町 1 丁目 5 番地 1	088（603）0111
阿南支部	774-0030 阿南市富岡町西池田口 1 番地 1	0884（22）0148

庁　名	住　　　　所	電話番号
美馬支部	779-3610 美馬市脇町大字脇町 1229 番地 3	0883（52）1035
牟岐出張所	775-0006 海部郡牟岐町大字中村字本村 54 番地 2	0884（72）0074
池田出張所	778-0002 三好市池田町マチ 2494 番地 7	0883（72）0234
高知家庭裁判所	780-8558 高知市丸ノ内 1 丁目 3 番 5 号	088（822）0576
須崎支部	785-0010 須崎市鍛治町 2 番 11 号	0889（42）0046
安芸支部	784-0003 安芸市久世町 9 番 25 号	0887（35）2065
中村支部	787-0028 四万十市中村山手通 54 番地 1	0880（35）4741
松山家庭裁判所	790-0006 松山市南堀端町 2 番地 1	089（942）0083
大洲支部	795-0012 大洲市大洲 845 番地	0893（24）2038
西条支部	793-0023 西条市明屋敷 165 番地	0897（56）0696
今治支部	794-8508 今治市常盤町 4 丁目 5 番地 3	0898（23）0010
宇和島支部	798-0033 宇和島市鶴島町 8 番 16 号	0895（22）4466
愛南出張所	798-4131 南宇和郡愛南町城辺甲 3827 番地	0895（72）0044

参考文献

松原正明『判例先例相続法Ⅱ［全訂］』（日本加除出版、2006）

松原正明『判例先例相続法Ⅲ［全訂］』（日本加除出版、2008）

梶村太市＝石井久美子＝貴島慶四郎編『相続・遺言・遺産分割書式体系』
　（青林書院、2016）

山本和義＝西田良＝本岡聖子＝三浦希一郎『相続財産がないことの確認─
　見落としてはいけない遺産整理業務の要点』（TKC出版、2016）

碓井孝介『はじめての相続登記ひとりで手続ガイド』（中央経済社、
　2016）

お わ り に

　本書をお読みいただき、どうもありがとうございました。「相続放棄」を自分自身でする方法、お分かりいただけましたでしょうか？　本書が、相続放棄の申述についてお困りであるあなたのお役に立てたなら、私としてもこれ程嬉しいことはありません。

　ところで、私は司法書士として仕事をするなかで、「相続」こそが、国民ひとりひとりにとってもっとも身近であり、なおかつ重要であると痛感する毎日を送っています。私たちは人の子として生まれてきた限り、「相続」と無縁なわけにはいかず、誰しもが関係することになるのが「相続」なのです。そして「相続」によって遺産が引き継がれ、相続人の人生が大きく変わることがあります。遺産とは、プラスの相続財産とは限らないため、「相続」の影響は非常に重大なのです。

　このような「相続」だからこそ、「引き継がない自由」を具現化するための制度である「相続放棄」を、もっと広く知っていただきたいと思い、筆を執った次第です。相続放棄の申述書といった、具体的な書類の書き方だけでなく、制度そのものの理解に貢献することが、この本の隠れた意図でもありました。

　最後に、本書の作成にご尽力いただきました関係者の方々に、この場を借りて御礼申し上げます。本書の原稿に数々のご指摘をくださった司法書士の青木豊先生、日本加除出版株式会社の編集部のご担当者、皆様のお力添えがなければ本書は完成いたしませんでした。どうもありがとうございました。

碓井　孝介

自分でする相続放棄

2019年 5 月29日　初版発行
2022年11月14日　初版第 3 刷発行

著　者　碓　井　孝　介
発行者　和　田　　裕

発行所　日本加除出版株式会社
本　社　〒171-8516
　　　　東京都豊島区南長崎 3 丁目16番 6 号

イラスト　milhc
組版・印刷・製本　㈱アイワード

定価はカバー等に表示してあります。
落丁本・乱丁本は当社にてお取替えいたします。
お問合せの他、ご意見・感想等がございましたら、下記まで
お知らせください。

〒171-8516
東京都豊島区南長崎 3 丁目16番 6 号
日本加除出版株式会社　営業企画課
電話　03-3953-5642
FAX　03-3953-2061
e-mail　toiawase@kajo.co.jp
URL　www.kajo.co.jp

© Kousuke Usui 2017
Printed in Japan
ISBN978-4-8178-4391-3

JCOPY　〈出版者著作権管理機構　委託出版物〉

本書を無断で複写複製（電子化を含む）することは、著作権法上の例外を除き、禁じられています。複写される場合は、そのつど事前に出版者著作権管理機構（JCOPY）の許諾を得てください。
また本書を代行業者等の第三者に依頼してスキャンやデジタル化することは、たとえ個人や家庭内での利用であっても一切認められておりません。

〈JCOPY〉　H P：https://www.jcopy.or.jp，e-mail：info@jcopy.or.jp
　　　　　電話：03-5244-5088，FAX：03-5244-5089

法務局に預けて安心！
遺言書保管制度の利用の仕方

碓井孝介 著

2020年7月刊 A5判 132頁 定価1,540円（本体1,400円） 978-4-8178-4659-4

商品番号：40826
略　　号：遺言保管

● 制度の全体像から遺言書の作成、保管申請書類の記入の仕方・添付書類の揃え方、保管後の活用の仕方までを平易に解説。相談対応にも実務にも活用できる便利な一冊。本制度では受付不可とされている遺言書の形式についても明示。改正相続法、遺言書保管法とその関係法令に完全対応。

図解でわかる
改正相続法入門

碓井孝介 著

2018年12月刊 A5判 148頁 定価1,540円（本体1,400円） 978-4-8178-4531-3

商品番号：40748
略　　号：図改正

● 相続法改正の全体像を2時間でチェックできるよう、各項目を見開きで完結して解説。配偶者居住権、遺産分割、自筆証書遺言、遺言執行者、相続の効力、遺留分、相続人以外の者の貢献の7つのテーマごとに整理し、現行法の問題点から改正内容を解きほぐす。

相続手続が簡単に
法定相続情報証明制度の
利用の仕方

碓井孝介 著

2017年6月刊 A5判 152頁 定価1,650円（本体1,500円） 978-4-8178-4400-2

商品番号：40679
略　　号：相情

● 「法定相続情報証明制度」によって相続手続はどう変わるのか？手続の流れに沿って、必要な知識をわかりやすく整理した一冊。
● 戸籍の読み方・取り方や相続手続の進め方も解説。
● 必要な書類の集め方や作成の仕方を具体的に提示。

日本加除出版

〒171-8516　東京都豊島区南長崎3丁目16番6号
TEL（03）3953-5642　FAX（03）3953-2061（営業部）
www.kajo.co.jp